Hilmar J. Vollmuth

Vertriebscontrolling

D1669419

HANSER

Inhalt

Wegweiser

Dieses Buch wendet sich an Praktiker. Die folgenden drei Symbole führen Sie schnell zum Ziel:

 Dieses Symbol markiert **Anwendungstipps:** Hier erfahren Sie, wie Sie bei der Umsetzung am besten vorgehen.

 Hier geben wir Ihnen **Praxisbeispiele,** die zeigen, wie die Thematik von anderen konkret umgesetzt wird.

 Wo Sie dieses Symbol sehen, weisen wir Sie auf **Hürden und Hindernisse** hin, die einer Umsetzung erfahrungsgemäß oft im Wege stehen.

1 Einleitung

In Zukunft sind richtungsweisende Veränderungen im Vertrieb zu erwarten. Durch die steigende Konkurrenz, durch höhere Kosten und durch starke Konzentrationsbewegungen bei den Kunden wird es immer schwieriger, den Vertrieb erfolgreich zu gestalten.

Neue Vertriebswege wie Direkt-Mailing, E-Commerce und Call-Center verschärfen den Wettbewerb. Außerdem müssen sich die Unternehmen intensiver mit der Kundenzufriedenheit und dem Kundennutzen befassen.

Das Denken und Handeln der Mitarbeiter im Vertrieb sollte verändert werden, um die Effizienz und die Effektivität im Vertrieb zu verbessern. Neue Konzeptionen, Techniken und Instrumente sind einzusetzen, damit der Vertrieb in Zukunft problemloser abläuft.

Das Vertriebscontrolling bietet die Möglichkeit, die Unternehmen bei der Bewältigung der großen Herausforderungen zu unterstützen. Die Planung ist zu verbessern, die Kontrolle sollte verfeinert werden und die Steuerung ist rechtzeitig einzuleiten, um auf die Veränderungen am Markt schneller reagieren zu können.

Die Mitarbeiter im Vertrieb müssen sich intensiver mit den relevanten Kennzahlen befassen, um möglichst schnell zu erkennen, wo die Stärken und die Schwächen in ihren Unternehmen liegen. Dann sind sie eher in der Lage, weitgehend das Selbst-Controlling durchzuführen.

2 Vertriebscontrolling

2.1 Wesen

In der Praxis setzen viele Mitarbeiter den Begriff Controlling oft gleich mit der Kontrolle. Dies führt dann zu weit verbreiteten Missverständnissen, denn viele Mitarbeiter meinen, dass sie durch das Controlling nur systematisch überwacht werden sollten.

Die Überwachungsaufgaben sind selbstverständlich ein Bestandteil des Controllings. Eine systematische Kontrolle setzt aber eine erfolgsorientierte **Planung** voraus. Durch die **Kontrolle** der Pläne ergeben sich Abweichungen. Um diese Abweichungen zu beseitigen, ist eine konsequente **Steuerung** erforderlich.

 Es müssen Maßnahmen erarbeitet werden, damit die vorher vereinbarten Ziele doch noch erreicht werden können. Ein laufender Rückkopplungsprozess sollte also in den Unternehmen durchgeführt werden. Die Planung, die Kontrolle und die Steuerung sind zu vernetzen. Dann ist eine effiziente Führung des Vertriebs möglich.

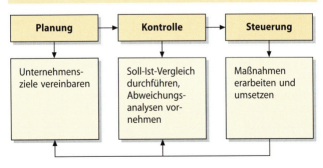

Bild 1: *Wesen des Controllings*

Das Vertriebscontrolling ist ein Teilbereich des Unternehmenscontrollings. Die **Einzelaspekte** des **Vertriebs** werden vom Vertriebscontroller besonders berücksichtigt.

Bevor das Controlling in den Unternehmen wirksam eingesetzt werden kann, ist der Aufbau eines **aussagefähigen Informationssystems** erforderlich. Die gemeinsam vereinbarten **Ziele** werden laufend kontrolliert, um die aufgetretenen **Schwachstellen** in den Unternehmen rechtzeitig zu erkennen. Dann können die Unternehmensleitung und die Führungskräfte relativ schnell **Maßnahmen** einleiten und durchführen, um die vorher festgelegten Ziele doch noch zu erreichen.

2.2 Rahmenbedingungen

Für die Durchführung eines effizienten Vertriebscontrollings ist es notwendig, dass in vielen Unternehmen erst eine aussagefähige **Kosten- und Leistungsrechnung** eingeführt wird. Die **Deckungsbeitragsrechnung** sollte die vorhandene Vollkostenrechnung ersetzen, um eine bessere Planung, Kontrolle und Steuerung des Vertriebs zu ermöglichen. Der Vertrieb und die anderen **Verantwortungsbereiche** sind klar voneinander abzugrenzen. Dem Leiter des Vertriebs müssen die eigentlichen **Aufgaben**, die benötigten **Kompetenzen** und die entsprechende **Verantwortung** übertragen werden, damit er effizient tätig sein kann. Die Überprüfung und Überarbeitung des **Organigramms** sind in vielen Unternehmen ebenfalls erforderlich. Außerdem ist die Einrichtung von **Profit-Centern** sinnvoll. Auf die **Kundenorientierung** sollte besonders geachtet werden.

Bild 2: *Rahmenbedingungen*

Für die einzelnen Verantwortungsbereiche sind möglichst separate **Kostenstellen** zu bilden, für die jeweils nur eine Führungskraft verantwortlich sein sollte. Die Pläne sind für die einzelnen Kostenstellen festzulegen. Dann lassen sich bessere Kontrollen durchführen. Die **Leistungen** und die **Kosten** sind möglichst für jeden Verantwortungsbereich zu erfassen. Eine **Steuerung** ist aufgrund der festgestellten **Abweichungen** dann leichter durchzuführen.

2.3 Qualifikationen

Der Vertriebscontroller muss selbst **Erfahrungen** im Marketing und Vertrieb gemacht haben, um die **Zusammenhänge** und die **Konflikte** in diesem Verantwortungsbereich besser zu erkennen. Der **Erfolg** und die **Akzeptanz** des Vertriebscontrollers hängen also von den **persönlichen Fähigkeiten** ab, die sehr vielfältig sind.

Bild 3: *Persönliche Anforderungen*

Wenn die persönlichen Anforderungen gegeben sind, ist es relativ einfach, die **Motivation** der **Mitarbeiter** zu verbessern, um die gemeinsam vereinbarten Ziele zu erreichen. Dies ist umso eher möglich, wenn sich die Mitarbeiter mit den festgelegten Zielen auch identifizieren.

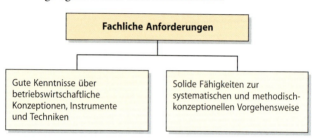

Bild 4: *Fachliche Anforderungen*

Der Vertriebscontroller sollte über gute **Kenntnisse** bezüglich der betriebswirtschaftlichen Konzeptionen, Instrumente und Techniken verfügen. Insbesondere fundiertes **Wissen** des Finanz- und Rechnungswesens ist notwendig, um den Vertrieb besser **mit Zahlen zu steuern**.

Auftretende Probleme hat der Vertriebscontroller in enger **Kooperation** mit der Unternehmensleitung und mit den anderen Führungskräften sowie mit den Mitarbeitern im Vertrieb durch eine systematische und methodisch-konzeptionelle Vorgehensweise zu lösen.

2.4 Kompetenz-Center

In vielen Unternehmen ist eine **neue Positionierung** des Vertriebscontrollings erforderlich. Die **Kommunikation** muss verbessert werden, um die Transparenz im Vertrieb zu erhöhen. Den einzelnen Mitarbeitern im Innen- und Außendienst sollten die Analysen der **Produktgruppen**, der **Verkaufsgebiete** und der **Kundengruppen** zur Verfügung gestellt werden. Die Kundenprofile sind mit den Stamm- und Bewegungsdaten zu erstellen, um einen besseren Vergleich mit den Wettbewerbern zu ermöglichen.

Der Vertriebscontroller sollte die Unternehmensleitung und die anderen Führungskräfte unterstützen und beraten, die **Rentabilität** zu erhöhen, die **Liquidität** zu verbessern und die **Wirtschaftlichkeit** zu steigern. Die Führungsmannschaft in den Unternehmen muss vom Vertriebscontroller laufend mit **relevanten Informationen** versorgt werden, damit in Zukunft bessere Entscheidungen getroffen werden.

Bild 5: *Ziele des Controllings*

Die Sachverhalte des Vertriebscontrollings müssen anhand von **vergangenheits-** und von **zukunftsbezogenen Zahlen** dargestellt werden. Dem Außen- und Innendienst sollte dargelegt werden, **was** alles erreicht werden sollte.

Ebenso wichtig ist aber auch, wie diese ehrgeizigen Ziele bei den Kunden zu realisieren sind. Durch Informationen und durch Erfahrungsaustausch mit anderen Mitarbeitern im Vertrieb ist sicherzustellen, wie diese Ziele erreicht werden können, um in Zukunft noch effizienter tätig sein zu können. Die kompetenten Mitarbeiter im Innen- und Außendienst sind besonders daran interessiert, wie sie den Gewinn für die Unternehmen noch steigern können.

Durch intensive Beratungen sollte den Mitarbeitern im Außen- und Innendienst deutlich gemacht werden, auf welche Art und Weise die **Umsätze** und die **Deckungsbeiträge** bei den einzelnen Kunden erhöht werden können. Wenn der Vertriebscontroller nachweisen kann, dass er selbst **Erfahrungen** im Außendienst gesammelt hat, werden seine Vorschläge leichter akzeptiert und beachtet. Sollte der Vertriebscontroller noch nicht im Vertrieb tätig gewesen sein, werden seine Anregungen öfter abgelehnt. Die **Distanz** zwischen dem Außendienst und dem Vertriebscontroller nimmt dann erheblich zu.

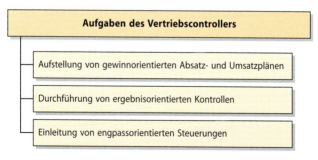

Bild 6: *Aufgaben des Vertriebscontrollers*

Der Vertriebscontroller benötigt das **richtige Rollenverständnis** und sollte erkennen, dass es insbesondere auf die profitorientierte Steuerung des Vertriebs ankommt. Durch **konkrete Maßnahmen** muss der Vertriebscontroller die Mitarbeiter im Vertrieb dahingehend fördern, dass sie nach einem großen Erfolg streben und einen bedeutenden Beitrag zur **Erzielung eines Gewinns** leisten. Die Mitarbeiter im Vertrieb sollten in die Lage versetzt werden, sich möglichst **selbst zu steuern**. In den Unternehmen kann im Vertrieb nur dann ein höherer Gewinn erreicht werden, wenn die **Mentalität** der Vertriebsmitarbeiter **geändert** und die **Organisation** im Vertrieb **verbessert** wird.

Die Aufgaben des Vertriebscontrollers umfassen die Beschaffung, Verarbeitung, Zusammenstellung und Präsentation von internen und externen Daten, damit die Mitarbeiter im Vertrieb in Zukunft bessere Entscheidungen treffen können. Der Vertriebscontroller sollte ein ergebnisorientiertes Planungs-, Kontroll- und Steuerungssystem in den Unternehmen einführen, um die Gewinne zu erhöhen.

In vielen Unternehmen erwarten die Mitarbeiter im Vertrieb, dass der Vertriebscontroller die Planung, Kontrolle und Steuerung möglichst alleine durchführen sollte. Die Vorschläge für die einzelnen Aktionen hat der Controller selbständig auszuarbeiten und den Mitarbeitern zu unterbreiten. Diese Verhaltensweise ist aber nicht richtig. Es ist besonders darauf zu achten, dass die Mitarbeiter im Vertrieb sich am Entscheidungsprozess beteiligen und eigene Anregungen sowie Ideen unterbreiten, wie in Zukunft der Vertrieb effizienter geführt werden sollte.

Die Unternehmensleitung, die Führungskräfte und die engagierten Mitarbeiter müssen sich an den Entscheidungsprozessen beteiligen. Die Durchführung der Aufgaben darf nicht allein dem Vertriebscontroller überlassen werden, denn der Vertriebscontroller sollte eher als Berater, Koordinator, Navigator oder Lotse in den Unternehmen tätig sein.

Der Vertriebscontroller ist aber auch dazu da, betriebswirtschaftliche **Sonderuntersuchungen** durchzuführen. Er sollte also an verschiedenen **Problemlösungsprozessen** mitwirken.

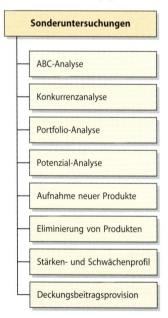

Bild 7: *Sonderuntersuchungen*

Die **komplexen Zusammenhänge** muss der Vertriebscontroller für alle Mitarbeiter im Vertrieb **klar** und **verständlich** darstellen. Deshalb sollten alle Berichte **empfängerorientiert** präsentiert werden.

 Die Gewinnorientierung ist besonders zu betonen. Das Rentabilitätsdenken sollte insbesondere den Mitarbeitern in den Verantwortungsbereichen Marketing und Vertrieb näher gebracht werden. Es genügt nicht, wenn sich die Mitarbeiter im Vertrieb nur auf den Absatz und den Umsatz konzentrieren. Auch die Kosten müssen beachtet werden, um den Gewinn von einzelnen Aktionen zu ermitteln. Es ist nämlich eine Illusion, wenn viele Mitarbeiter im Vertrieb glauben, dass mit zunehmendem Umsatz auch stets die Gewinne steigen.

Die Zeit ist ein wichtiger Wettbewerbsfaktor. Deshalb sollte der Vertriebscontroller auf das Tempo bei den Mitarbeitern im Vertrieb achten. Die schönsten Ideen nutzen wenig, wenn sie nur zögerlich oder viel zu langsam umgesetzt werden.

 In der Praxis zeigt sich immer wieder, dass nicht die Großen die Kleinen fressen. Vielmehr wird immer wieder bewiesen, dass die Schnellen die Langsamen aufzehren. Deshalb kommt es insbesondere im Vertrieb auf das Tempo an, um erfolgreich tätig zu sein.

Die Frage ist, wie der Controller sein Unternehmen, seine Führungskräfte und seine sonstigen Mitarbeiter auf Schnelligkeit trimmen kann. In erfolgreich geführten Unternehmen stellt sich immer wieder heraus, dass durch den permanenten Wandel, durch die ständige Rotation und durch die laufende Weiterbildung innerhalb der Unternehmen die Zeit sinnvoller eingesetzt wird, um bessere Profite zu erzielen. Die erfolgreichen Unternehmen geben immer wieder Gas, um auf der Überholspur zu bleiben.

2.5   Deckungsbeitragsrechnung

Die Deckungsbeitragsrechnung ist zur **systematischen Steuerung** der Unternehmen erforderlich. Bei dieser Rechnung werden die Kosten in die variablen und fixen Bestandteile aufgeteilt. Wir unterscheiden die einfache und die mehrstufige Deckungsbeitragsrechnung.

Bild 8: *Deckungsbeitragsrechnung*

2.5.1 Einfache Deckungsbeitragsrechnung

Wenn wir von den Umsatzerlösen die **variablen Kosten** abziehen, erhalten wir den Deckungsbeitrag. Die fixen Kosten werden als **Fixkostenblock** von der **Summe aller Deckungsbeiträge** subtrahiert, um das **Betriebsergebnis** oder den **Gewinn** zu erzielen.

Einfache Deckungsbeitragsrechnung

		TEuro	%
	Umsatzerlöse	500	100
–	variable Kosten	300	60
=	Deckungsbeitrag	200	40
–	fixe Kosten	150	30
=	Betriebsergebnis	50	10

Tab. 1: *Einfache Deckungsbeitragsrechnung*

Wenn wir die einfache Deckungsbeitragsrechnung zur Produktgruppenanalyse verwenden, ergibt sich die in Tab. 2 dargestellte Rechnung.

Der **Prozentsatz** der Deckungsbeiträge im Vergleich zu den Umsatzerlösen gibt Auskunft über die **Ertragskraft** der einzelnen Produktgruppen. Deshalb lautet die **Rangfolge**:

1. B (50 %),
2. A (40 %) und
3. C (20 %).

In den Unternehmen müssen also die Produktgruppen mit den prozentual höheren Deckungsbeiträgen **forciert** werden. Dadurch kann der **Gewinn** bei gleicher Kapazität schneller **erhöht** werden.

In Tab. 2 betragen die fixen Kosten 390 TEuro oder 30,0 %. Wenn die fixen Kosten auf die einzelnen Produktgruppen verteilt würden, zeigt die Produktgruppe C einen Verlust in Höhe von 10 %. Bei dem Einsatz der Vollkostenrechnung würde wegen des Verlustes der Produktgruppe C diese aus dem Produktionsprogramm **eliminiert** werden, um den Gesamtgewinn des Unternehmens zu steigern. Nach

Einfache Deckungsbeitragsrechnung und Produktgruppenanalyse

Produktgruppen	A		B		C		Summe	
	TEuro	%	TEuro	%	TEuro	%	TEuro	%
Umsatzerlöse	800	100	400	100	100	100	1.300	100,0
– variable Kosten	480	60	200	50	80	80	760	58,5
= Deckungsbeitrag	320	40	200	50	20	20	540	41,5
– fixe Kosten							390	30,0
= Betriebsergebnis							150	11,5
Rangfolge	2		1		3			

Tab. 2: *Einfache Deckungsbeitragsrechnung und Produktgruppenanalyse*

dem Ausscheiden der Produktgruppe C ergibt sich aber kein besserer, sondern ein **schlechterer Gewinn** in Höhe von 130 TEuro.

	Deckungsbeitrag Produktgruppe A	320	TEuro
+	Deckungsbeitrag Produktgruppe B	200	TEuro
=	Summe der Deckungsbeiträge	520	TEuro
–	fixe Kosten	390	TEuro
=	Betriebsergebnis (Gewinn)	130	TEuro

Tab. 3: *Eliminierung der Produktgruppe C*

Bei der Entscheidung über eine Forcierung oder Eliminierung von Produktgruppen darf also nicht der **Stückgewinn** oder der **Stückverlust** verwendet werden. Um eine **Fehlentscheidung** zu vermeiden, muss der Deckungsbeitrag in Prozent zum Umsatzerlös herangezogen werden. Solange der **Deckungsbeitrag** der Produktgruppe C noch **positiv** ist, tragen diese Produkte noch zur **teilweisen** Deckung der fixen Kosten in Höhe von 20 TEuro bei.

 Die Deckungsbeiträge der einzelnen Produktgruppen sind wichtige **Steuerungsgrößen** für Marketing und für Vertrieb. Nach der prozentualen Höhe der Beiträge lässt sich also eine **Rangfolge** aufstellen. Um den Gewinn zu verbessern, sind die Produkte zu fördern, die höhere Ränge haben. Dann erhöht sich die Summe aller Deckungsbeiträge schneller, als wenn Produktgruppen mit schlechteren Rängen verkauft würden. Von der Summe aller Deckungsbeiträge hängt es ab, wie frühzeitig im Geschäftsjahr die fixen Kosten gedeckt werden.

Um einen noch besseren Einblick in den Vertrieb zu erlangen, sollten noch weitere Deckungsbeiträge ermittelt werden. Eine **zusätzliche Aufteilung** der Deckungsbeiträge kann wie folgt durchgeführt werden:

▶ Deckungsbeitrag pro Kunde,
▶ Deckungsbeitrag pro Kundenbesuch,
▶ Deckungsbeitrag pro Außendienstmitarbeiter,
▶ Deckungsbeitrag pro Verkaufsgebiet,
▶ Deckungsbeitrag pro gefahrene Kilometer.

Diese separate Unterteilung der Deckungsbeiträge setzt allerdings voraus, dass eine **leistungsfähige EDV-Anlage** zur Verfügung steht. Der Vertriebscontroller muss mit den Vertriebsleuten entscheiden, **welche** weitere Untergliederung in Zukunft sinnvoll ist.

In einem Unternehmen werden die **Deckungsbeiträge nach Verkaufsgebieten** pro Monat erfasst. Diese Informationen eignen sich besonders dafür, die **Qualifikation** und die **Motivation** der einzelnen Mitarbeiter besser beurteilen zu können. Die Ergebnisse werden dann in den Besprechungen der Verkaufsgebietsleiter regelmäßig diskutiert. Die Zahlen beweisen, wie das **Potenzial** in den einzelnen Verkaufsgebieten bisher genutzt wurde und welche **Entfaltungsmöglichkeiten** noch bestehen, wenn in Zukunft insbesondere die A-Kunden intensiver betreut werden.

Vertriebsleiter Monat	Breuer			Hermann			Diehl		
	U TEuro	DB TEuro	%	U TEuro	DB TEuro	%	U TEuro	DB TEuro	%
Januar	644	274	42,5	215	101	47,0	330	131	39,7
Februar	480	187	39,0	226	82	36,3	251	96	38,2
März	649	292	45,0	286	96	33,6	262	98	37,4
1. Quartal	1.773	753	42,5	727	279	38,4	843	325	38,6
April	322	123	38,2	296	105	35,5	288	143	49,7
Mai	465	220	47,3	317	130	41,0	197	69	35,0
Juni	413	207	50,1	309	117	37,9	268	122	45,5
2. Quartal	1.200	550	45,8	922	352	38,2	753	334	44,4
1. Halbjahr	2.973	1.303	43,8	1.649	631	38,3	1.596	659	41,3
Juli	396	172	43,4	418	153	36,6	214	101	47,2
August	379	164	43,3	207	79	38,2	162	51	31,5
September	585	251	42,9	340	123	36,2	671	355	52,9

Vertriebsleiter	Breuer			Hermann			Diehl		
Monat	TEuro	TEuro	%	TEuro	TEuro	%	TEuro	TEuro	%
	U	DB	%	U	DB	%	U	DB	%
3. Quartal	1.360	587	43,2	965	355	36,8	1.047	507	48,4
Oktober November Dezember									
4. Quartal									
2. Halbjahr									
Gesamtjahr									

Tab. 4: *Nettoumsatzerlöse und Deckungsbeiträge nach Verkaufsgebieten in 2002*

2.5.2 Mehrstufige Deckungsbeitragsrechnung

Bei der **einfachen** Deckungsbeitragsrechnung werden alle fixen Kosten in einem **Fixkostenblock** zusammengefasst. Die Praxis zeigt aber, dass ein Teil der fixen Kosten **verursachungsgemäß** auf bestimmte Bezugsgrößen zugerechnet werden kann. Deshalb kann es sinnvoll sein, den Fixkostenblock in mehrere **Fixkostenschichten** aufzuspalten.

Wir unterscheiden generell fünf Fixkostenschichten:

▶ Fixkosten für einzelne Produkte,
▶ Fixkosten für einzelne Produktgruppen,
▶ Fixkosten für einzelne Kostenstellen,
▶ Fixkosten für bestimmte Verantwortungsbereiche,
▶ Fixkosten des gesamten Unternehmens.

Die Aufteilung der Fixkosten in fünf Schichten ist aber sehr **arbeitsintensiv** und erfordert **beträchtliche Kapazitäten** in der EDV. Die Praxis zeigt, dass in kleineren und mittleren Unternehmen es genügt, eine Aufteilung der fixen Kosten in **zwei Gruppen** vorzunehmen. Die **speziellen Fixkosten**, z. B. für Marketing und Vertrieb, Produktion und Materialwirtschaft, können an den einzelnen Kostenstellen **verursachungsgemäß** erfasst werden. Eine weitere Zuordnung auf Produktgruppen, Verkaufsgebiete und Kundengruppen ist ebenfalls möglich. Bei den **allgemeinen Fixkosten**, z. B. für die allgemeine Verwaltung, lässt sich allerdings ein ursächlicher Zusammenhang zu bestimmten Gruppen meist nicht mehr herstellen. Deshalb werden die allgemeinen Fixkosten nur in der **Summenspalte** der kurzfristigen Erfolgsrechnung erfasst, um das Betriebsergebnis (Gewinn) des gesamten Unternehmens zu ermitteln.

Der Fixkostenblock wird also bei der zweistufigen Deckungsbeitragsrechnung in spezielle und allgemeine Fixkosten aufgeteilt. Die **speziellen Fixkosten** können von den **Führungskräften** in Marketing und Vertrieb, in der Produktion und in der Materialwirtschaft während des Geschäftsjahres durch **gute und schlechte Entscheidungen** positiv oder negativ **beeinflusst** werden. Die **allgemeinen Fixkosten**, wie die allgemeine Verwaltung dagegen, werden meist nur von der **Unternehmensleitung** selbst gesteuert.

Zweistufige Deckungsbeitragsrechnung

–	Umsatzerlöse variable Kosten
=	Deckungsbeitrag 1
–	spezielle Fixkosten – Marketing und Vertrieb – Produktion – Materialwirtschaft
=	Deckungsbeitrag 2
–	allgemeine Fixkosten
=	Betriebsergebnis (Gewinn)

Tab. 5: *Zweistufige Deckungsbeitragsrechnung*

Der Fixkostenblock kann noch zusätzlich in weitere Stufen aufgeteilt werden. Bei der Festlegung der Anzahl der **weiteren Stufen** zur Abdeckung der fixen Kosten ist aber zu bedenken, dass der **Arbeitsaufwand** der Kosten- und Leistungsrechnung erheblich zu- und die **Genauigkeit** abnimmt.

In der Praxis reicht nach meinen Erfahrungen eine zweistufige Aufgliederung der Fixkosten in kleineren und mittleren Unternehmen aus, um die bedeutenden speziellen Fixkosten besser in den Griff zu bekommen. Diese Version ist nicht so arbeitsintensiv und kann aus wirtschaftlichen Gründen pro Monat und kumuliert relativ einfach erstellt werden. In der Praxis können die Mitarbeiter in den Unternehmen nach einer kurzen Einarbeitungszeit mit diesem Instrument gut umgehen.

Wenn besonderer Wert auf die **Markt-** und **Kundenorientierung** gelegt wird, könnte es **sinnvoll** sein, nach der Berücksichtigung der speziellen Fixkosten für Marketing und Vertrieb einen weiteren Deckungsbeitrag zu ermitteln. Dieser Deckungsbeitrag 2 könnte dann als **Basis** für die Ermittlung der **Provision** dienen.

Nach meinen Erfahrungen in den Unternehmen sollte aber der Deckungsbeitrag 2 unter Berücksichtigung der **speziellen Fixkosten** nicht nur für **Marketing** und **Vertrieb**, sondern auch für die **Produktion** und die **Materialwirtschaft** errechnet werden. Bei einem **dezentralen Controlling** wird die **Transparenz** erhöht. Die Kennzahlen sollten in den Berichten oder im Intranet jederzeit für das gesamte Management zur Verfügung stehen. Die Unternehmensleitung und die Führungskräfte können dann die Zahlen der anderen Verantwortungsbereiche einsehen und daraus lernen. Es entsteht dann eine **Kultur** der **gegenseitigen Beratung** und **Orientierung** an den Zahlen der anderen Verantwortungsbereiche.

Der Leiter von Marketing und Vertrieb beispielsweise kann dem Leiter der Produktion vorschlagen, durch eine **schlankere Produktion** die speziellen Fixkosten für die einzelnen Produktgruppen zu senken. Dem Leiter von Marketing und Vertrieb sollte der Leiter der Produktion empfehlen, dass durch die **Effizienzsteigerung** im Vertrieb bestimmte Kosten gesenkt werden können. Der Leiter der Materialwirtschaft kann vom Leiter des Vertriebs darauf hingewiesen werden, dass sich durch den Einsatz von **Systemlieferanten** erhebliche Kosten reduzieren lassen. Dieses **Berichtssystem** fördert also die **Teamarbeit** der Führungskräfte, um durch **gezielte Kostensenkungen** und durch **bewusste Leistungssteigerungen** die Deckungsbeiträge 2 zu erhöhen.

2.6 Kurzfristige Erfolgsrechnung

Für die Unternehmensleitungen, die Führungskräfte und die anderen Mitarbeiter in den Unternehmen gehört die kurzfristige Erfolgsrechnung (KER) zu den **wichtigsten Steuerungsinstrumenten**. Da alle Mitarbeiter in den Unternehmen von der KER erfasst werden, löst die Einführung dieser Rechnung einen **Lernprozess** aus, der die **Transparenz** aller wichtigen Vorgänge in den Unternehmen wesentlich erhöht und verbessert.

Beim Einsatz der KER sollte das **Umsatzkostenverfahren** verwendet werden. Die KER ist so aufzubauen, dass die Deckungsbeiträge 1 und 2 für die einzelnen Produktgruppen pro Monat und kumuliert ermittelt werden. Neben der **Produktgruppenanalyse** eignet sich die KER auch für die Durchführung der **Verkaufsgebiets-** und **Kundengruppenanalysen**.

Aufbau der kurzfristigen Erfolgsrechnung als Produktgruppenanalyse

		Produktgruppe 1			
		Monat		Kumuliert	
		TEuro	%	TEuro	%
1.	Brutto-Umsatzerlöse				
2.	Erlösschmälerungen				
3.	Netto-Umsatzerlöse	(1 – 2)	100		100
4.	Fertigungsmaterial				
5.	Fertigungslöhne				
6.	Strom				
7.	Frachten				
8.	Verpackungen				
9.	Provisionen				
10.	Fremdleistungen				

| | | Produktgruppe 1 | | | |
| | | Monat | | Kumuliert | |
		TEuro	%	TEuro	%
11.	Summe der variablen Kosten (4 bis 10)				
12.	Deckungsbeitrag 1 (3 – 11)				
13.	Marketing und Vertrieb				
14.	Produktion				
15.	Materialwirtschaft				
16.	Summe der speziellen Fixkosten (13 bis 15)				
17.	Deckungsbeitrag 2 (12 – 16)				
18.	Unternehmensleitung				
19.	Finanz- und Rechnungswesen				
20.	Allgemeine Verwaltung				

21.	Summe der allgemeinen Fixkosten	(18 bis 20)		
22.	Betriebsergebnis (Gewinn)	(17 – 21)		
23.	Neutrale Erträge			
24.	Neutrale Aufwendungen			
25.	Neutrales Ergebnis	(23 – 24)		
26.	Unternehmensergebnis	(22 + 25)		

Tab. 6: *Aufbau der kurzfristigen Erfolgsrechnung als Produktgruppenanalyse*

Die Erläuterungen der einzelnen Positionen in der KER:

Brutto-Umsatzerlöse

Sie können der Finanzbuchhaltung entnommen werden. Wenn noch keine separaten Aufzeichnungen vorhanden sind, müssen die Brutto-Umsatzerlöse für die einzelnen Produktgruppen erst zusammengestellt werden.

Erlösschmälerungen

Sie werden von den Brutto-Umsatzerlösen abgezogen. Die Erlösschmälerungen umfassen Skonti, Boni, Reklamationen, Rücksendungen und Gutschriften. Die Forderungsausfälle gehören auch dazu.

Netto-Umsatzerlöse

Sie stellen die Differenz von den Brutto-Umsatzerlösen und den Erlösschmälerungen für die einzelnen Produktgruppen dar. Die Netto-Umsatzerlöse werden mit 100 % angesetzt und sind der Maßstab für die Kosten, die Deckungsbeiträge und das Betriebsergebnis (Gewinn).

Variable Kosten

Sie umfassen vor allem das Fertigungsmaterial und die Fertigungslöhne. Auch Strom, Frachten, Verpackungen Provisionen für freie Handelsvertreter und die Fremdleistungen gehören noch zu den variablen Kosten.

Deckungsbeitrag 1

Er ist das Ergebnis aus den Netto-Umsatzerlösen minus den variablen Kosten und ist eine wichtige Steuerungsgröße, denn er gibt Auskunft über die Ertragskraft der einzelnen Produktgruppen. Es lässt sich eine Rangfolge erstellen, die sich nach der prozentualen Höhe der Deckungsbeiträge im Vergleich zu den Netto-Umsatzerlösen ergibt.

Die Umsatzrentabilität des gesamten Unternehmens kann umso schneller verbessert werden, je mehr die Produktgruppen am Markt forciert werden, die im Vergleich zu den anderen Produktgruppen prozentual die höheren Deckungsbeiträge erbringen.

Die Produktgruppen mit den niedrigen Deckungsbeiträgen sollten in Zukunft aus dem Produktions- und Verkaufsprogramm eliminiert werden, sobald die für diese Produktgruppen genutzten Kapazitäten für andere Produktgruppen eingesetzt werden können, um am Markt höhere prozentuale Deckungsbeiträge zu erzielen.

Solange allerdings die vorhandenen Kapazitäten nicht anders genutzt werden können, dürfen diese Produktgruppen mit den niedrigeren prozentualen Deckungsbeiträgen nicht aus dem Produktions- und Verkaufsprogramm eliminiert werden, da mit diesen Deckungsbeiträgen immer noch ein Teil der fixen Kosten des Unternehmens abgedeckt wird.

Spezielle Fixkosten

Sie umfassen die fixen Kosten, die in den Verantwortungsbereichen für Marketing und Vertrieb, Produktion und Materialwirtschaft von den einzelnen Produktgruppen verursacht werden. Die zeitliche Inanspruchnahme der vorhandenen Kapazitäten in den einzelnen Verantwortungsbereichen pro Monat sollte als Basis für die Zuteilung der speziellen Fixkosten auf die einzelnen Produktgruppen dienen.

Die speziellen Fixkosten können mit großer Genauigkeit an den betreffenden Kostenstellen ermittelt werden. Die variablen Kosten dagegen werden pro Produkt erfasst.

Deckungsbeitrag 2

Er ergibt sich, wenn wir vom Deckungsbeitrag 1 die speziellen Fixkosten abziehen. Der Deckungsbeitrag 2 ist eine weitere wichtige Steuerungsgröße für die Unternehmensleitung und für die Führungskräfte. Eine weitere Rangfolge der Deckungsbeiträge 2 lässt sich aufstellen, die nicht identisch mit der Rangfolge der Deckungsbeiträge 1 sein muss. Die Mitarbeiter im Vertrieb können aufgrund der Rangfolge der Deckungsbeiträge 2 erkennen, welche Produktgruppen in Zukunft zu forcieren sind und in welchen Verantwortungsbereichen gezielte Kostensenkungsmaßnahmen zu beschließen und durchzuführen sind.

Allgemeine Fixkosten

Sie stehen meist in keinem ursächlichen Zusammenhang mit den einzelnen Produktgruppen. Deshalb sind diese Fixkosten nur in der Summenspalte für das gesamte Unternehmen aufzuführen.

Die allgemeinen Fixkosten umfassen die Unternehmensleitung, das Finanz- und Rechnungswesen und die allgemeine Verwaltung.

Betriebsergebnis (Gewinn)

Es ergibt sich nach Abzug der allgemeinen Fixkosten von der Summe aller Deckungsbeiträge 2. In der kurzfristigen Erfolgsrechnung sollten die absoluten Beträge und die Prozentsätze im Vergleich zu den Netto-Umsatzerlösen pro Mo-

nat und kumuliert ausgewiesen werden. Die Unternehmensleitung und die Führungskräfte können dann pro Monat und
kumuliert ersehen, wie hoch die Umsatzrentabilität ist. Sie
ergibt sich nämlich, indem das Betriebsergebnis (Gewinn)
durch die Netto-Umsatzerlöse geteilt wird.

Neutrales Ergebnis

Die neutralen Erträge und die neutralen Aufwendungen,
die mit dem eigentlichen Prozess der Leistungserstellung
und der Leistungsverwertung in einem Geschäftsjahr in keinem Zusammenhang stehen, sind separat zu erfassen.

Zu den neutralen Erträgen und neutralen Aufwendungen
zählen die außerordentlichen (Verkauf eines Teilbetriebs),
die betriebsfremden (Zinseinnahmen von den festverzins-
lichen Wertpapieren) und die periodenfremden Vorgänge
(Auflösung von Rückstellungen) eines Geschäftsjahres.

Unternehmensergebnis

Es setzt sich aus dem Betriebsergebnis und dem neutralen
Ergebnis zusammen.

 Die KER ist ein wichtiges Steuerungsinstrument für
die Unternehmensleitung und für die Führungskräfte in den Unternehmen, weil alle bedeutenden
Daten in diesem Berichtssystem enthalten sind. Deshalb lassen sich die Stärken und Schwächen eines Unternehmens
einfach und leicht erkennen. Zur Beseitigung der entdeckten
Probleme können dann schnell Gegenmaßnahmen eingeleitet werden, um die Umsatzrentabilität zu verbessern.

	Produktgruppe 1				Produktgruppe 2				Summe	
	Dezember		Kumuliert		Dezember		Kumuliert		Kumuliert	
	TEuro	%	TEuro	%	TEuro	%	TEuro	%	TEuro	%
1. Brutto-Umsatzerlöse	639	100	4.382	100	252	100	4.231	100	8.613	100,0
2. Erlösschmälerungen	18		113		6		128		241	26,3
3. Netto-Umsatzerlöse	621	100	4.269	100	246	100	4.103	100	8.372	100,0
4. Fertigungsmaterial	204	33	1.290	30	60	24	908	22	2.198	26,3
5. Hilfsstoffe	48	8	385	9	18	7	349	9	734	8,8
6. Fertigungslöhne	95	15	637	15	62	25	950	23	1.587	19,0
7. Strom	4	1	24	1	1	0	34	1	58	0,7
8. Frachten	10	2	55	1	3	1	45	1	100	1,2
9. Verpackungen	10	2	66	2	3	1	40	1	106	1,3
10. Provisionen	18	3	118	3	8	3	140	3	258	3,1
11. Fremdleistungen							28	1	28	0,1

12. Summe variable Kosten	389	63	2.575	60	155	63	2.494	61	5.069	60,5
13. Deckungsbeitrag 1	232	37	1.694	40	91	37	1.609	39	3.303	39,5
14. Marketing und Vertrieb	41	7	291	7	68	28	913	22	1.204	14,4
15. Produktion	119	19	726	17	83	34	1.168	28	1.894	22,6
16. Materialwirtschaft	36	6	202	5	14	6	110	3	312	3,7
17. Summe spezielle Fixkosten	196	32	1.219	29	165	67	2.191	53	3.410	40,7
18. Deckungsbeitrag 2	36	6	475	11	-74	-30	-582	-14	-107	-1,2

Tab. 7: *KER bis zum Deckungsbeitrag 2*

Die KER in einem Unternehmen besteht nur aus zwei Produktgruppen. Die Zahlen werden für Dezember und kumuliert für das Geschäftsjahr 2001 dargestellt. Neben den Produktgruppen 1 und 2 wird die Summenspalte separat aufgeführt.

Mit der Produktgruppe 1 verdient das Unternehmen das Geld und erwirtschaftete im Jahr 2001 einen Deckungsbeitrag 2 kumuliert von 11 %. Die Produktgruppe 2 wird subventioniert und zeigt einen Deckungsbeitrag 2 kumuliert von minus 14 %. Bei einer genaueren Analyse der beiden Produktgruppen stellt sich heraus, dass die Deckungsbeiträge 1 in der kumulierten Spalte bei der Produktgruppe 1 40 % und bei der Produktgruppe 2 39 % ausmachen. Die Probleme liegen bei der Produktgruppe 2, also im speziellen Fixkostenbereich. Es fällt auf, dass die speziellen Fixkosten für Marketing und Vertrieb kumuliert 22 % im Vergleich zu 7 % bei der Produktgruppe 1 betragen. Auch die Produktionskosten sind mit 28 % in der kumulierten Spalte wesentlich höher im Vergleich zu 17 % bei der Produktgruppe 1. In der Materialwirtschaft sind die speziellen Fixkosten mit 3 % und 5 % etwa gleich.

Die **Daten** werden den Führungskräften und der Unternehmensleitung **bis zum Deckungsbeitrag 2** pro Monat und kumuliert zur Verfügung gestellt, da die Führungskräfte die variablen und die speziellen Fixkosten durch **eigene Entscheidungen** während des Jahres wesentlich **beeinflussen** können. Für die allgemeinen Fixkosten trägt nur die Unternehmensleitung die Verantwortung.

Der **Vertriebscontroller** muss sich also **intensiv** mit den speziellen Fixkosten im Verantwortungsbereich **Marketing und Vertrieb** befassen. Durch eine systematische Planung, durch eine konsequente Kontrolle und durch eine effiziente

Steuerung der **Aktivitäten** sollte der Vertriebscontroller die Weiterentwicklung der Produktgruppe 2 wesentlich beeinflussen, um in Zukunft einen **positiven Deckungsbeitrag 2** zu realisieren.

2.7 Profit-Center

Um einen **wettbewerbsüberlegenen Vertrieb** aufzubauen, ist ein Bekenntnis zur **dezentralen Verantwortung** und **Kompetenz** bei den Vertriebsmitarbeitern erforderlich. Deshalb sollte eine Profit-Center-Organisation eingeführt werden, weil in den Profit-Centern **bessere Ergebnisse** erzielt werden können.

 Die wichtigsten Grundgedanken über die Profit-Center-Organisation müssen allen Mitarbeitern im Vertrieb ausführlich erläutert werden. Die betriebswirtschaftlichen Grundsätze eines Profit-Centers sind klar darzustellen. Auf die erfolgreiche Teamarbeit sollte besonders hingewiesen werden. Bei der Einführung der Profit-Center-Organisation muss die Unternehmensleitung bereit sein, die Aufgaben, die Verantwortung und die Kompetenzen auf die Leiter der Profit-Center zu übertragen, damit die Leiter die Deckungsbeiträge wirkungsvoll beeinflussen können. In Verbindung mit dem Selbst-Controlling sind dann die Leiter der Profit-Center für die Planung, Kontrolle und Steuerung ihrer Verantwortungsbereiche voll verantwortlich.

Profit-Center lassen sich nach folgenden **Gesichtspunkten** bilden:

- ▶ Produktgruppen
- ▶ Verkaufsgebiete
- ▶ Kundengruppen
- ▶ Vertriebswege

Für jedes Profit-Center müssen die Umsatzerlöse, die variablen Kosten und die speziellen Fixkosten genau ermittelt werden. Jedes Profit-Center ist als ein **selbständiges Subunternehmen** zu betrachten. Für die Leiter der Profit-Center sind die erwirtschafteten **Deckungsbeiträge** die **Erfolgsmaßstäbe**.

An die Leiter der Profit-Center sind besondere Anforderungen zu stellen. Die **Anforderungskriterien** sehen wie folgt aus:

▶ Betriebswirtschaftliche Kenntnisse
▶ Führungsqualitäten
▶ Zielstrebigkeit
▶ Eigeninitiative
▶ Systematisches Denken
▶ Flexibilität
▶ Kreativität
▶ Teamfähigkeit

Ein guter Verkaufsleiter ist nicht unbedingt ein hervorragender Profit-Center-Leiter. Deshalb ist eine **systematische Schulung** erforderlich, um die Anforderungskriterien zu erfüllen.

Diese Organisationsform ist dazu geeignet, **vordergründiges Arbeitnehmerdenken** in **unternehmerisches Verantwortungsdenken** umzuwandeln. Das unternehmerische Denken erhöht nicht nur die **Sensibilität** gegenüber den **Problemen** und den **strategischen Fragestellungen**, sondern fördert auch das spezifische **Selbst-Controlling-Denken**.

Der Vertriebscontroller kann einfach und schnell erkennen, welche Profit-Center profitabel arbeiten und in welchen Profit-Centern Verluste erwirtschaftet werden. Die **Ertragskraft** der einzelnen Profit-Center wird oft in der Praxis falsch eingeschätzt. Die Erkenntnisse aus der Abrechnung der einzelnen Profit-Center können zu **überraschenden Ergebnissen** führen. Durch die Einführung der Profit-Center kann der gesamte Vertrieb in **überschaubare Teilbereiche** gegliedert werden. Dadurch lässt sich der Vertrieb viel **rationeller gestalten**. Die **Leistungen** der Mitarbeiter können dann viel **besser beurteilt** werden.

Wenn der Gewinn im Vertrieb erhöht werden soll, muss also die **Vertriebsorganisation verbessert** werden. Außerdem ist eine **Veränderung** der **Denk-** und **Verhaltensweise** der Mitarbeiter im Vertrieb erforderlich. Die **Neugestaltung** der **Vertriebsprozesse** muss dazu führen, dass eine **wertschöpfungssteigernde Kundenzufriedenheit** in Zukunft erreicht wird.

 Eine dauerhafte Verbesserung des Vertriebs ist nur möglich, wenn in den Unternehmen eine Profit-Center-Organisation eingeführt wird. Durch diese Konzeption lässt sich eine Steigerung des Gewinns erreichen, denn die Effizienz im Vertrieb wird erhöht. Die Neugestaltung der Prozesse im Vertrieb und die Verwendung von effektiven Controlling-Instrumenten führt zu entscheidenden Veränderungen aller Abläufe im Vertrieb. Die einzelnen Maßnahmen müssen ganzheitlich aufeinander abgestimmt und miteinander vernetzt werden.

Der **Deckungsbeitrag** sollte die **entscheidende Zielgröße** für alle Mitarbeiter im Außen- und Innendienst sein, um eine wertschöpfungsoptimierte Kundenzufriedenheit zu erreichen. Die Profit-Center-Organisation ermöglicht es, dass die Mitarbeiter im Außen- und Innendienst sich als **Unternehmer im Unternehmen** verstehen können. Das Team, das die Profit-Center **prozessverantwortlich** führt, muss sich an der Kundenzufriedenheit orientieren.

Der **Maßstab** für den Erfolg der Profit-Center ist also der **Deckungsbeitrag**. Die Höhe der ermittelten Deckungsbeiträge sollte dann auch die **Grundlage** für eine **variable Entlohnung** der Mitarbeiter der Profit-Center sein. Der **variable Anteil** der Entlohnung des Teams in den Profit-Centern müsste **etwa 40 %** betragen, um einen **Anreiz** für das **ergebnisverantwortliche Handeln** der Mitarbeiter im Vertrieb darzustellen. Dann wird auch das Selbst-Controlling der Vertriebsmitarbeiter gefördert.

Die qualifizierten Mitarbeiter und Führungskräfte im Vertrieb haben in einer Profit-Center-Organisation die Möglichkeit, sich besser zu profilieren. Sie erkennen recht schnell, welchen Beitrag sie leisten, um die vereinbarten Ziele zu erreichen. Die Qualität der Entscheidungen wird verbessert. Auch das Engagement der Mitarbeiter erhöht sich.

Jedes Profit-Center wird als **homogener Verantwortungsbereich** verstanden. Die Leistungen und die variablen Kosten sowie die speziellen Fixkosten können von dem Profit-Center-Leiter direkt beeinflusst werden. Damit wird der Profit-Center-Leiter zu einem **Subunternehmer**, der **eigenverantwortlich handeln** kann.

Die Organisationsform des Vertriebs, die sich in der Praxis bewährt hat, ist das Profit-Center. Eine entsprechend ausgebaute Kosten- und Leistungsrechnung liefert die Daten, die als Grundlage für die Beurteilung der Profit-Center-Ergebnisse benötigt werden. Diese Konzeption fördert also eine ertragsorientierte Führung des Vertriebs.

Die Profit-Center-Organisation bietet eine Reihe von **Vorteilen**. Zu erwähnen sind insbesondere folgende Punkte:

- ▶ Verbesserung der Teamarbeit zwischen Außen- und Innendienst,
- ▶ Realisierung einer schnelleren Erledigung der Kundenwünsche,
- ▶ Reduzierung der Durchlaufzeiten im Angebotswesen und in der Auftragsabwicklung,
- ▶ Verstärkung des Einsatzes der Computer im Vertrieb,
- ▶ Aufbau von Datenbanken für die Kunden,
- ▶ Ausrichtung des Innendienstes im Sinne der totalen Kundenorientierung,
- ▶ Ausbau des Kundenservice,
- ▶ Verbesserung der fachlichen Qualifikation der Vertriebsmitarbeiter,
- ▶ Entwicklung kundenindividueller Marketing- und Vertriebsstrategien,
- ▶ Einführung eines Kostenmanagements im Vertrieb,
- ▶ Neugestaltung des Entlohnungssystems im Außen- und Innendienst auf der Basis der Deckungsbeiträge,
- ▶ Einführung eines neuen Informationssystems für Marketing und Vertrieb,
- ▶ Konzentration auf die Kernfunktionen, Kernprozesse und Kernfähigkeiten,
- ▶ Einführung einer schlanken Aufbauorganisation,
- ▶ Aufbau einer effizienten Ablauforganisation,
- ▶ Übergang vom Umsatz- zum Gewinndenken.

2.8 Konzeptionen, Instrumente und Techniken

In vielen Unternehmen laufen die **Prozesse** zu **langsam** ab. Einige Prozesse berühren auch zu viele Stellen. Durch diese **Schnittstellenprobleme** entstehen zu **hohe Kosten**. Die **Komplexität** ist in einigen Unternehmen stark angestiegen. Die Folge ist, dass die **Kundenzufriedenheit abnimmt**.

Die **Organisationen** in einigen Unternehmen sind viel zu **starr**. Viele Aufgaben und Prozesse werden auch durch Zentralabteilungen gesteuert. Dadurch nehmen die **Kompetenzstreitigkeiten** zu. Außerdem gibt es in manchen Unternehmen zu viele **Hierarchieebenen**, die die Abwicklung der Aufträge behindern.

Die Unternehmen müssen sich in Zukunft auf das **Kerngeschäft** konzentrieren. Die **Komplexität** ist abzubauen. Auch die **Varianten** der Produkte und Dienstleistungen sollten reduziert werden. Dann lassen sich insbesondere die **fixen Kosten** systematisch senken.

Die **Erfolgsrezepte** der erfolgreichen Unternehmen sollten als **Orientierungsgrundlage** dienen. Zu den neuen und erfolgreich eingesetzten Konzeptionen, Instrumenten und Techniken gehören insbesondere folgende Punkte, mit denen sich der Vertriebscontroller vertraut machen sollte:

▶ ABC-Analyse
▶ Benchmarking
▶ Lean Management
▶ Reengineering
▶ Qualitäts-Management
▶ Konkurrenzanalyse
▶ Outsourcing
▶ Customer Relationship Management

- ▶ Zielkosten-Management
- ▶ Stärken- und Schwächen-Analyse
- ▶ Potenzial-Analyse
- ▶ Portfolio-Analyse
- ▶ Break-Even-Analyse
- ▶ Balanced Scorecard
- ▶ Key Account Management
- ▶ Direkte Produkt-Profitabilität
- ▶ Kundenprofitabilitätsrechnung

Durch den systematischen Einsatz dieser Konzeptionen, Instrumente und Techniken sind die Vertriebscontroller dann in der Lage, die **Wettbewerbsfähigkeit** ihrer Unternehmen zu **steigern**. Dadurch können auch beträchtliche **Wettbewerbsvorteile erzielt** werden.

3 Planung

3.1 Planungszeiträume

Wir unterscheiden beim Controlling das operative und das strategische Controlling.

Bild 9: *Planungszeiträume*

3.1.1 Operatives Controlling

Die Hauptaufgabe des operativen Controllings besteht darin, die **Gewinnsteuerung** zu verbessern. Es muss ein Berichtssystem aufgebaut werden, um die **Transparenz** in den Unternehmen zu erhöhen. Die aussagefähigen Berichte sollten pro Monat und kumuliert erstellt werden. Die entscheidungsrelevanten Berichte müssen der Unternehmensleitung und den Führungskräften möglichst schnell zur Verfügung gestellt werden. Dabei ist zu beachten, dass die **Schnelligkeit** wichtiger ist als die **Genauigkeit**. Der Vertriebscontroller sollte also den Mitarbeitern im Vertrieb die relevanten Berichte möglichst zwei Wochen nach Ablauf des Monats vorlegen.

Die **Ziele** sind in enger Zusammenarbeit zwischen der Unternehmensleitung und den Mitarbeitern im Vertrieb zu vereinbaren und zu beschließen. Die Mitarbeiter im Außen- und Innendienst erhalten dann eine **Orientierungsgrundlage** für ihre Tätigkeiten, die im Laufe des Geschäftsjahres durchzuführen sind.

Die vereinbarten Ziele müssen **ehrgeizig** und **realistisch** sein. Außerdem sollten die Unternehmensleitung und die Führungskräfte im Vertrieb darauf achten, dass alle Ziele im Vertrieb mit den anderen Zielen in den Unternehmen abgestimmt werden.

Die kurzfristigen Ziele im Vertrieb können wie folgt lauten:

▶ Erhöhung der Deckungsbeiträge,
▶ Verbesserung des Kundennutzens,
▶ Senkung der Vertriebskosten,
▶ Anhebung des Marktanteils,
▶ Verbesserung der Kundenzufriedenheit.

Die Mitarbeiter und die Führungskräfte im Vertrieb sollten in einem Workshop pro Jahr in Abstimmung mit der Unternehmensleitung gemeinsam die Unternehmensziele jeweils für das kommende Geschäftsjahr vereinbaren. Dabei sind die Veränderungen am Markt, die Einführung neuer Produkte und sonstige Innovationen zu berücksichtigen. Es geht auch um die Optimierungsmöglichkeiten zur Verbesserung der Kundenzufriedenheit.

Gegen Ende eines jeden Geschäftsjahres sollten sich die Unternehmen in enger Zusammenarbeit mit den Führungskräften im Vertrieb mit den kurzfristigen Zielen und mit der operativen Planung für das kommende Geschäftsjahr beschäftigen. Als **Grundlage** für die Ausarbeitung des aussagefähigen Berichtssystems eignet sich besonders die **kurzfristige Erfolgsrechnung**, die nach Produktgruppen, Verkaufsgebieten oder Kundengruppen aufgeteilt werden sollte.

3.1.2 Strategisches Controlling

Die **Existenzsicherung** der Unternehmen steht im Mittelpunkt des strategischen Controllings, das sich auf die langfristigen Überlegungen bezieht. In kleinen und mittleren Unternehmen umfasst das strategische Controlling meist einen Zeitraum von vier bis fünf Jahren. Es handelt sich um eine **Grobausrichtung** der Unternehmen, die nach bestimmten Zeitabständen jeweils zu modifizieren ist.

Nach der Erstellung der operativen Pläne sind die strategischen Pläne zu überprüfen und gegebenenfalls zu ändern. Dabei sollte auf die veränderten externen und internen Gegebenheiten der Unternehmen geachtet werden. Es geht insbesondere darum, neue **Erfolgspotenziale** zu suchen und auszubauen.

Folgende strategischen Ziele im Vertrieb sollten vereinbart werden:

▶ Entwicklung neuer Produkte und Dienstleistungen,
▶ Aufbau einer effizienten Vertriebsorganisation,
▶ Erschließung neuer Vertriebswege,
▶ Steigerung der Qualifikation der Mitarbeiter im Vertrieb,
▶ Erschließung zusätzlicher Märkte.

Auch die **strategischen Ziele** sind möglichst in einem Seminar zu erarbeiten und in Abstimmung mit der Unternehmensleitung zu verabschieden. Es sollte darauf geachtet werden, dass diese Ziele ebenfalls **anspruchsvoll**, **ehrgeizig** und **realisierbar** sind.

3.2 Planungsprozess

Da die Unternehmen **markt**- und **kundenorientiert** geführt werden sollten, ist es sinnvoll, den Planungsprozess nach einem bestimmten Schema zu gestalten. Der Planungsprozess sollte wie folgt durchgeführt werden:

- ▶ Absatzplanung (Mengen)
- ▶ Umsatzplanung (Mengen x Preise)
- ▶ Kostenplanung (variable und fixe Kosten)
- ▶ Gewinnplanung (Deckungsbeitrag 1 und 2, Betriebsergebnis)
- ▶ Produktionsplanung
- ▶ Investitionsplanung
- ▶ Materialplanung
- ▶ Personalplanung
- ▶ Finanzplanung
- ▶ Gewinn- und Verlustrechnung
- ▶ Bilanz

Der **Kern** der Planung umfasst die Absatz-, Umsatz-, Kosten- und Gewinnplanung. Die Unterlagen für diese Pläne können der **KER** entnommen werden. Außerdem sind die Produktions-, Investitions-, Material-, Personal- und Finanzplanung zu erstellen. Die Mitarbeiter im Vertrieb haben eine **besondere Verantwortung** in den Unternehmen, da alle anderen Pläne von der Absatzplanung abhängen. Es ist also sehr wichtig, dass die Absatzplanung möglichst realistisch erstellt wird. Die einzelnen Pläne sind aufeinander abzustimmen. Wegen der **ganzheitlichen Betrachtung** sollten alle Pläne in einer Plan-Gewinn- und -Verlust-Rechnung sowie in einer Plan-Bilanz zusammengefasst werden.

In kleineren und mittleren Unternehmen fühlen sich die Mitarbeiter im Vertrieb oft besonders kontrolliert, wenn kein gut ausgebautes Controllingsystem existiert. Die Mitarbeiter glauben auch vielfach irrtümlicherweise, dass die Leistungen im Vertrieb auf der Basis des Umsatzes ausreichend messbar sind. Die Absatzzahlen und die Deckungsbeiträge werden oft zu wenig beachtet.

Bei der Einführung eines differenzierten Controllingsystems für die Vertriebs- und Marketingaktivitäten geht es aber darum, den Einsatz der **knappen Ressourcen** im Vertriebsbereich so zu steuern, dass in den Unternehmen der größte mögliche Erfolg erreicht wird. Der Vertriebscontroller hat zusammen mit den Mitarbeitern im Vertrieb also die Aufgabe, die **Vertriebsaktivitäten** möglichst **optimal** zu planen, zu kontrollieren und zu steuern, so dass ein gutes Ergebnis erzielt wird.

Die oft sehr teuren Marketingaktivitäten wie die Darstellung der Unternehmen auf Messen sowie die Durchführung von Werbemaßnahmen und von Promotionsaktionen werden oft als wirksame Maßnahmen angesehen. Eine Überprüfung findet aber vielfach nicht statt, ob die beabsichtigten Ziele auch erreicht werden. Auch im Marketingbereich ist es sehr wichtig, dass die Mitarbeiter erkennen, ob der Einsatz der Mittel sorgfältig geplant, systematisch kontrolliert und erfolgreich gesteuert wird, um ein optimales Ergebnis zu erreichen. Das Marketing- und Vertriebscontrolling macht den Mitarbeitern klar, ob die Aktivitäten in diesen Bereichen erfolgreich durchgeführt wurden oder nicht.

3.3 Ablauf der Planung

Es ist dringend erforderlich, dass beim Ablauf der Planung eine bestimmte **Reihenfolge** eingehalten wird. Zuerst sollte die **Absatzplanung** erstellt werden, um die Mengen möglichst genau zu erfassen, die bei den einzelnen Kunden abgesetzt werden können. Dann folgt die **Umsatzplanung,** die sich aus den Mengen und den durchschnittlich zu erzielenden Preisen zusammensetzt. Die **Kostenplanung** kann dann erstellt werden, die sich vor allem an den Zahlen in der KER orientiert. Die **Gewinnplanung** ergibt sich als Differenz zwischen der Umsatz- und der Kostenplanung. Eine Unterteilung in Deckungsbeitrag 1 und 2 und in das Betriebsergebnis ist sinnvoll.

3.3.1 Absatzplanung

Da sich die Unternehmen am Markt und an den Kunden orientieren sollten, ist mit dem Absatzplan bei der Planung zu beginnen, der die Mengen festlegt, die an die Kunden verkauft werden können. Der Absatzplan ist also die **Leistungsvorgabe** für den Außendienst. Die Vertriebsspezialisten orientieren sich zuerst an den Mengen aus der Vergangenheit und beziehen neue Entwicklungen für die Zukunft mit ein.

Die Vertriebsfachleute müssen sich mit dem Absatzplan intensiv beschäftigen, da sie den Markt und die Kunden bereits am besten kennen. Zuerst wird die Entwicklung der letzten zwei bis drei Jahre mit Hilfe von **Tabellen** und **Graphiken** aufgezeigt. Dann können die **Marktanteile** des Unternehmens für die einzelnen Segmente festgestellt werden. Außerdem lassen sich **Marktanalysen** heranziehen.

Die Absatzplanung wird zuerst nach **Produktgruppen** erstellt. Eine Aufteilung nach **Verkaufsgebieten** und nach **Kun-**

dengruppen ist ebenfalls sinnvoll, wenn Informationen bereits vorhanden sind.

Die **Mengen** können in Stück, in Kilogramm oder in Kubikmeter gemessen werden. Die Stückzahlen sind pro Monat in unterschiedlicher Höhe zu ermitteln. Außerdem sollte der **Prozentsatz** erfasst werden, damit klar wird, wie unterschiedlich die Produkte pro Monat abgesetzt werden.

Absatzplanung

Absatz				
Monat	Menge		Menge kumuliert	
	Soll		Soll	
	Stück	%	Stück	%
Januar	1.592	6,2	1.592	6,2
Februar	2.003	7,8	3.595	14,0
März	2.157	8,4	5.752	22,4
April	2.286	8,9	8.038	31,3
Mai	2.337	9,1	10.375	40,4
Juni	2.517	9,8	12.892	50,2
Juli	2.722	10,6	15.614	60,8
August	2.491	9,7	18.105	70,5
September	2.183	8,5	20.288	79,0
Oktober	2.106	8,2	22.394	87,2
November	1.951	7,6	24.345	94,8
Dezember	1.335	5,2	25.680	100,0
Summe	25.680	100,0		

Tab. 8: *Absatzplanung*

Absatzplanung

Absatz	Monat								Kumuliert							
	Soll		Ist		Abweichung				Soll		Ist		Abweichung			
	Stück	%	Stück	%	Stück	%			Stück	%	Stück	%	Stück	%		
Januar																
Februar																
März																
April																
Mai																
Juni																
Juli																
August																
September																
Oktober																
November																
Dezember																
Summe																

Tab. 9: *Absatzplanung pro Monat und kumuliert*

Die Absatzplanung muss besonders sorgfältig von den Vertriebsleuten erstellt werden, da diese Zahlen die Grundlage insbesondere für die Produktions-, die Material- und die Personalplanung bei der Budgetierung darstellen. Außerdem sollten neben den Soll-Zahlen, die Ist-Zahlen und die Abweichungen in Euro und in Prozent aus dem Bericht zu ersehen sein. Auch die kumulierten Zahlen sind im Absatzplan auszuweisen.

 Der Vertriebscontroller sollte Planungshilfen anbieten. Mit Hilfe der ABC-Analyse kann leicht ermittelt werden, dass mit wenigen Produkten und Kunden der weitaus größte Teil des Absatzes erreicht wird. Deshalb ist es sinnvoll, Produktgruppen- und Kundengruppenanalysen durchzuführen. Die A-Produkte und die A-Kunden sind sorgfältig zu planen. Bei den C-Produkten und den C-Kunden kann mit Pauschalen gearbeitet werden, da sie ohnehin nur etwa 5 % der Produkte und der Kunden ausmachen.

Bei der Absatzplanung sind die zu erwartenden Mengen für die **A- und B-Kunden** möglichst genau und separat zu erfassen. Von der Anzahl dieser Kunden her werden etwa 20 % bearbeitet, die etwa 80 % des Umsatzes ausmachen. Die Menge der **C-Kunden** kann prozentual ermittelt werden. Dies bedeutet eine enorme **Arbeitserleichterung**. Abweichungen von über 10 % für die A- und B-Kunden sollten vom Vertrieb kommentiert werden, um die Ursachen dafür zu erkennen.

 Es ist schwierig, die Mitarbeiter im Vertrieb dazu zu bringen, möglichst genaue Mengen für die A- und B-Kunden festzulegen. In vielen Fällen geben die Vertriebsleute bewusst zu niedrige Mengen an, um am Ende des Geschäftsjahres bessere Leistungen nachweisen zu können. Diese Haltung ist aber gefährlich, da insbesondere die Planung der Produktionskapazitäten und des Materials sich nach der Absatzplanung richtet.

Der **Kundenstamm** ist sorgfältig zu pflegen. Die Mengen müssen für die A- und B-Kunden separat erfasst werden. Außerdem sind die Konditionen genau festzuhalten.

Die Planung der Absatzmengen kann von den Mitarbeitern im Vertrieb sorgfältig durchgeführt werden, da sie den **engsten Kontakt** zum Markt haben. Der Vertriebscontroller sollte die Informationen aus der Vergangenheit liefern. Außerdem sind wichtige **Nebenbedingungen** zu berücksichtigen, die den Verkauf in Zukunft beeinflussen können. Folgende Nebenbedingungen sind zu beachten:

- Planpreise
- Produktentwicklungen
- Marketingaktivitäten
- Konkurrenzverhalten

Neben den quantitativen sind auch noch **qualitative Leistungsgrößen** bei der Planung des Absatzes zu berücksichtigen. Zur Ermittlung der qualitativen Leistungsgrößen sollten **Befragungen** durchgeführt werden. Zu den wichtigen qualitativen Größen gehören:

- Kundenzufriedenheit und
- Mitarbeiterzufriedenheit.

3.3.2 Umsatzplanung

Zur Erstellung der Umsatzplanung werden die **Stückzahlen** und die **durchschnittlichen Preise** für die **A- und B-Kunden** benötigt. Auch die Umsatzplanung ist pro Monat und kumuliert zu erstellen.

Die Abteilung für Marketing und Vertrieb in einem Unternehmen hat beispielsweise ermittelt, dass der durchschnittliche Preis pro Stück 80,– Euro beträgt. Dann kann aus der Absatzplanung der Umsatzplan für ein bestimmtes Produkt errechnet werden.

Umsatzplanung

Monat	Umsatz		Umsatz kumuliert	
	Soll		Soll	
	Euro	%	Euro	%
Januar	12.736	6,2	12.736	6,2
Februar	16.024	7,8	28.760	14,0
März	17.256	8,4	46.016	22,4
April	18.288	8,9	64.304	31,3
Mai	18.696	9,1	83.000	40,4
Juni	20.136	9,8	103.136	50,2
Juli	21.776	10,6	124.912	60,8
August	19.928	9,7	144.840	70,5
September	17.464	8,5	162.304	79,0
Oktober	16.848	8,2	179.152	87,2
November	15.608	7,6	194.760	94,8
Dezember	10.680	5,2	205.440	100,0
Summe	205.440	100,0		

Tab. 10: *Umsatzplanung*

Der Umsatz wird oft zur Beurteilung des Vertriebs herangezogen. Diese Leistung lässt sich auch leicht ermitteln. Die Werte aus der Vergangenheit können mit den geplanten Werten verglichen werden. Die Umsätze alleine sagen aber noch nichts über den Erfolg der Unternehmen aus. Die Beurteilung der Leistungen sollte auf der Basis der Deckungsbeiträge vorgenommen werden, die erwirtschaftet werden. Je größer die Summe der Deckungsbeiträge ist, desto erfolgreicher arbeitet ein Unternehmen.

Bei der Umsatzplanung 2002 sollten die **Ergebnisse des Vorjahres** für die einzelnen Produktgruppen ebenfalls aufgeführt werden. Dann lassen sich die Veränderungen in Euro und in Prozent im gleichen Bericht aufführen.

Es ist **sinnvoll**, neben der **Summe** für die Produktgruppen auch die Ergebnisse für die **wichtigsten Produkte** innerhalb einer Produktgruppe separat darzustellen. Dann ist ein **besserer Einblick** in die **Veränderungen** von einem Geschäftsjahr zum nächsten möglich.

Wenn wir die Veränderungen der Produktgruppe A insgesamt betrachten, dann ergibt sich eine Erhöhung der Umsatzerlöse um 170 TEuro oder um 2,9 %. Bei der Analyse der wichtigsten Produkte und der restlichen Produkte innerhalb dieser Produktgruppe erkennen wir beträchtliche Unterschiede, die von –66,7 % bei den restlichen Produkten, die niedrigere Deckungsbeiträge erbringen, bis zu einer Steigerung von 15,9 % bei dem Produkt 1 reichen, mit dem die höchsten Deckungsbeiträge erwirtschaftet werden.

Umsatzplanung 2002

Produktgruppen	Ergebnis 2001		Ergebnis 2002		Veränderungen	
	TEuro	%	TEuro	%	TEuro	%
Produktgruppe A						
Produkt 1	3.900	13,7	4.640	16,2	+740	+15,9
Produkt 2	400	1,4	361	1,3	–39	–10,8
Produkt 3	200	0,7	137	0,5	–63	–46,0
Rest	1.170	4,1	702	2,4	–468	–66,7
Summe	5.670	19,9	5.840	20,4	+170	+2,9
Produktgruppe B	3.800	13,4	3.930	13,7	+130	+3,3
Produktgruppe C	9.050	31,8	9.001	31,4	–49	–0,5
Produktgruppe D	3.000	10,6	2.629	9,1	–371	–14,1
Produktgruppe E	6.900	24,3	7.303	25,4	+403	+5,5
Umsatzerlöse insgesamt	28.420	100,0	28.703	160,0	+283	+1,0

Tab. 11: *Umsatzplanung 2002*

3.3.3 Kostenplanung

Bei der Kostenplanung ist zu berücksichtigen, dass bei der Verwendung der Deckungsbeitragsrechnung die Kosten in variable und in fixe aufzuteilen sind. Die **variablen Kosten** werden auch als **Produktkosten** bezeichnet. Bei den **fixen Kosten** dagegen handelt es sich um **Strukturkosten**, die durch die **Betriebsbereitschaft** des Unternehmens verursacht werden, da bestimmte Kapazitäten vorgehalten werden müssen.

Zu den **variablen Kosten** zählen insbesondere das Fertigungsmaterial und die Fertigungslöhne. Die Stromkosten und die Fremdleistungen können variable Fertigungskosten sein. Die Frachten, die Verpackungen und die Provisionen für freie Handelsvertreter gehören zu den variablen Vertriebskosten.

Die **fixen Kosten** können in spezielle und allgemeine Fixkosten aufgeteilt werden. Zu den **speziellen Fixkosten** zählen insbesondere die Kosten für Marketing und Vertrieb, für Produktion und für Materialwirtschaft. Diese Kosten lassen sich nach der zeitlichen Inanspruchnahme der bestehenden Kapazitäten den einzelnen Produktgruppen, Verkaufsgebieten oder Kundengruppen in der KER pro Monat zuordnen.

Die **speziellen Fixkosten** können an den einzelnen Kostenstellen verursachungsgemäß erfasst werden. An jeder Kostenstelle sollten etwa zehn bis 20 Kostenarten berücksichtigt werden, die einzeln zu analysieren sind, um die Höhe dieser Kostenarten für das kommende Geschäftsjahr sorgfältig zu planen. Dadurch lässt sich eine mögliche Ineffizienz an diesen Kostenstellen entdecken und beseitigen.

Der Vertriebscontroller sollte besonders darauf achten, dass die Marketing- und Vertriebskosten eindeutig definiert und pro Monat regelmäßig erfasst werden. Die Marketing-

und Vertriebskosten sind an separaten Kostenstellen zu ermitteln und aufzuzeichnen.

Bild 10: *Kostenstellen*

Die Marketing- und Vertriebskosten lassen sich den einzelnen Produktgruppen, Verkaufsgebieten und Kundengruppen zuordnen. Dadurch kann die Effizienz des Marketings und Vertriebs besser beurteilt werden.

Die **allgemeinen Fixkosten** sind ebenfalls an den Kostenstellen verursachungsgemäß zu ermitteln. Zu diesen Kosten zählen die Unternehmensleitung, das Finanz- und Rechnungswesen sowie die allgemeine Verwaltung. Die allgemeinen Fixkosten werden in der KER nur in der **Summenspalte** aufgeführt.

Die Planung der Kosten für Marketing und Vertrieb hängt von der Absatz- und Umsatzplanung ab. Die Qualität der Kostenplanung ist also sehr abhängig von der Qualität der Leistungsplanung, die der Vertriebscontroller und die Mitarbeiter im Vertrieb zu verantworten haben. Den betreffenden Mitarbeitern muss klargemacht werden, dass sie bei der Planung eine besondere Verantwortung tragen, da alle anderen Aktivitäten in den Unternehmen von den Absatzplänen stark beeinflusst werden.

Die geplanten Leistungen verändern die verschiedenen Kostenarten. Wenn weniger Leistungen erwartet werden, können die variablen Kosten und einige spezielle Fixkosten gesenkt werden. Bei der Erhöhung der Leistungen erfolgt normalerweise eine Steigerung der Kosten. Diese Anhebung der Kosten kann aber auch durch eine **Verbesserung** der **Effizienz** verhindert werden. Diese Untersuchungen sollte der Vertriebscontroller durchführen.

Es ist sinnvoll, die **Projekte** im Marketingbereich separat zu planen. Für jedes Projekt sind einige Leistungsgrößen festzulegen und getrennte Kosten zu ermitteln. Die Pläne im Marketing werden oft nicht auf der Basis von vereinbarten Zielen festgelegt. In der Praxis stellen wir häufig fest, dass ein bestimmter **Prozentsatz** vom Umsatz für die Kosten genommen wird. Der Vertriebscontroller sollte in Zukunft dieses Vorgehen verhindern, da es zu falschen Ergebnissen führt. Es muss überprüft werden, ob die festgelegten **Ziele** auch erreicht wurden.

Viele Mitarbeiter im Vertrieb zeigen zu wenig Verständnis für die variablen Kosten und die speziellen Fixkosten. Sie orientieren sich zu sehr am Umsatz und unterstellen, dass sich mit steigenden Umsätzen automatisch auch die Deckungsbeiträge erhöhen. Die kompetenten Vertriebscontroller können bestätigen, dass diese Denkweise gefährlich ist und meist nicht der Realität entspricht.

3.3.4 Gewinnplanung

Bei dem Einsatz der zweistufigen Deckungsbeitragsrechnung kann die Gewinnplanung in Deckungsbeitrag 1, in Deckungsbeitrag 2 und in das Betriebsergebnis oder den Gewinn aufgeteilt werden. Dadurch ist eine differenziertere Betrachtung der Ergebnisse in den Unternehmen möglich.

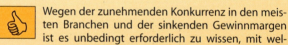

Wegen der zunehmenden Konkurrenz in den meisten Branchen und der sinkenden Gewinnmargen ist es unbedingt erforderlich zu wissen, mit welchen Produkten und Dienstleistungen Gewinne erwirtschaftet oder Verluste erzielt werden. Die kleineren und mittleren Unternehmen müssen rechtzeitig ermitteln, wie hoch die Ertragskraft der einzelnen Produktgruppen, der unterschiedlichen Verkaufsgebiete und der verschiedenen Kundengruppen ist, um möglichst schnell reagieren zu können. Deshalb sind zuerst die Deckungsbeiträge 1 und 2 genauer zu analysieren. Mit Hilfe einer aussagefähigen KER können die Unternehmen besser beurteilt werden.

Die Gewinnplanung kann beim Einsatz der Deckungsbeitragsrechnung viel detaillierter erstellt werden. Diese Rechnung lässt einfach und leicht erkennen, wie profitabel die eine Produktgruppe ist und wie verlustreich eine andere Produktgruppe sich darstellt.

Die Praxis zeigt häufig, dass die Unternehmen eine Präferenz für bestimmte Produkte entwickeln und immer höhere Kosten verursachen, um diese Produkte zu forcieren. Dadurch sinken die Deckungsbeiträge immer schneller und führen letztlich zu Verlusten. Da die Ertragskraft des gesamten Unternehmens dann laufend sinkt, müssen die Produkte mit schwachen Deckungsbeiträgen durch andere Produkte mit höheren Deckungsbeiträgen kompensiert werden.

3.4   Führungssystem

In vielen kleineren und mittleren Unternehmen sollte ein modernes Führungssystem eingeführt werden, um eine **effizientere Führung** der Unternehmen umzusetzen. Marketing und Vertrieb spielen bei dem neuen Führungssystem eine besondere Rolle.

3.4.1 Visionen

Die Unternehmen müssen Visionen entwickeln, um ein zukünftiges Bild für ihre Unternehmen zu gestalten. Die erfolgreich geführten Unternehmen beweisen immer wieder, dass sie beeindruckende Visionen realisiert haben. Daraus entstehen **zielgerichtete Aktivitäten** und neue Ideen. Die Visionen beeinflussen in starkem Maße die **strategische Ausrichtung** der Unternehmen.

Die **Merkmale der Visionen** umfassen folgende Punkte:

▶ Die Visionen beinhalten qualitative Aspekte.
▶ Sie beziehen sich auf die positiven Überzeugungen der Führungsspitze.
▶ Die bisherige Situation der Unternehmen wird durch die neuen Visionen signifikant verändert.

▶ Von den Visionen werden ehrgeizige und erreichbare Ziele abgeleitet.

▶ Die Motivation der Mitarbeiter wird durch überzeugende Visionen wesentlich verbessert.

Die zukünftige Unternehmensführung lässt sich durch neue Visionen positiv beeinflussen. Durch eine visionäre Führung kann insbesondere die Motivation der Mitarbeiter wesentlich verbessert werden. Dadurch wird eine **effektivere Unternehmensführung** verwirklicht.

Ein Unternehmen hat folgende Visionen entwickelt:
- Wir wollen auf dem Markt ein führender Anbieter von Produkten und Dienstleistungen werden.
- Wir werden uns an den Bedürfnissen unserer Kunden orientieren.
- Wir wollen auf allen Stufen der Wertschöpfungskette Spitzenleistungen erbringen.

Die Geschäftsbereiche und die Geschäftsfelder müssen systematisch überprüft werden. Auf der Basis eines neuen **Ziel-Portfolios** sind Erfolg versprechende Geschäftsbereiche zu **fördern** und problematische Geschäftsfelder zu **eliminieren** oder zu **verkaufen**. Nur erfolgreiche Segmente sind dauerhaft zu betreiben. Eine **Subventionierung** einzelner Geschäftsbereiche ist in Zukunft zu **unterlassen**, wenn langfristig keine guten Deckungsbeiträge erwirtschaftet werden können.

3.4.2 Leitbilder

Die Visionen haben unmittelbare **Auswirkungen** auf die Leitbilder der Unternehmen. In vielen Fällen sind die Leitbilder erst noch zu entwickeln. Es ist sehr lohnend, dass sich die Unternehmensleitung und die Führungskräfte in Workshops intensiver mit den neuen Konzeptionen auseinander setzen. Dadurch wird ein sinnvoller Lernprozess für alle kompetenten Mitarbeiter ausgelöst.

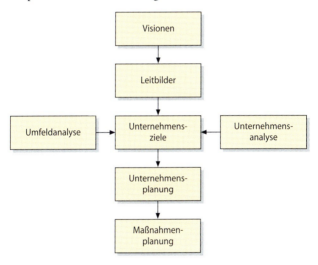

Bild 11: *Auswirkungen der Visionen und der Leitbilder*

Durch die neuen Leitbilder lassen sich die **Wertvorstellungen** und die **Normen** für die Unternehmensführung dokumentieren. Alle Mitarbeiter in den Unternehmen erwarten eine **Orientierungshilfe** und möchten wissen, auf welche Punkte in Zukunft besonderer Wert gelegt wird. Deshalb sind vor allem die Kundenorientierung und die Wertschöpfung zu betonen.

 Die kompetenten Mitarbeiter sollten an der Erstellung der neuen Leitbilder mitarbeiten. Dann werden sich die Mitarbeiter eher mit ihnen identifizieren. Es lässt sich ein gutes Verständnis für die Leitbilder erzielen. Nach erfolgreicher Einführung dieser Ideen wird auch das Wir-Gefühl der Mitarbeiter gestärkt.

Die Einführung der Leitbilder beeinflusst das **Denken** und **Handeln** der Mitarbeiter. Deshalb ist es sinnvoll, wenn sich auch die kleineren und mittleren Unternehmen mit den Leitbildern in Workshops beschäftigen. Für den Erfolg der Unternehmen sind das **Wissen**, das **Können** und die **Begeisterungsfähigkeit** der Mitarbeiter entscheidend. Die Unternehmen sollten also Leitbilder entwickeln, damit die Mitarbeiter in Zukunft bessere Orientierungsgrundlagen haben.

 Siemens hat in enger Zusammenarbeit mit den Führungskräften und den Mitarbeitern folgende Leitbilder erarbeitet und veröffentlicht:

1. **Der Kunde bestimmt unser Handeln.**
   Herausragender Kundennutzen ist das oberste Ziel. Unser Erfolg hängt von der Zufriedenheit der Kunden ab.
2. **Unsere Innovationen gestalten die Zukunft.**
   Mit neuen Ideen schaffen wir für unsere Kunden neue Produkte, neue Dienstleistungen, mehr Nutzen. Wir sind experimentierfreudig und ermuntern phantasievolles Denken.
3. **Wir arbeiten erfolgreicher.**
   Durch ergebnisorientiertes Wirtschaften erzielen wir herausragende Erfolge und dauerhafte Wertsteigerungen.

Wir ergreifen die Maßnahmen, die für die wirtschaftlichen Erfolge notwendig sind und optimieren sie nach Zeit, Qualität und Kosten.

4. **Spitzenleistungen erreichen wir durch exzellente Führung.**

   Unsere Führungskräfte setzen klare, ehrgeizige und begeisternde Ziele. Wir wollen uns immer wieder selbst übertreffen, sonst tun es die anderen. Unsere Mitarbeiterinnen und Mitarbeiter erhalten einen möglichst großen Entscheidungsspielraum.

5. **Durch Lernen werden wir immer besser.**

   Wir messen uns an den Besten der Welt. Jeder von uns arbeitet daran, ständig zu lernen. Schneller als andere erkennen wir neue Chancen und richten Lösungen, Organisation und Verhalten daran aus.

6. **Unsere Zusammenarbeit kennt keine Grenzen.**

   Wir nutzen unsere weltweiten Fähigkeiten, um das beste Team im Wettbewerb zu werden. Unser Denken und Handeln ist von Verantwortung für das gemeinsame Ziel geprägt.

7. **Wir tragen gesellschaftliche Verantwortung.**

   Mit unserem Wissen und unseren Lösungen leisten wir einen Beitrag für eine bessere Welt. Wir bekennen uns zum Umweltschutz. Qualifizierung durch Wissen sichert die Zukunft unserer Mitarbeiter. Integrität prägt den Umgang mit unseren Geschäftspartnern.

3.4.3 Umfeldanalyse

Um die Veränderungen am Markt rechtzeitig zu erkennen, ist pro Jahr eine Umfeldanalyse durchzuführen. Ein **Frühwarnsystem** sollte aufgebaut werden, damit in Zukunft die **Chancen** und die **Risiken** richtig eingeschätzt werden können.

Die **Frühwarnindikatoren** müssen zur besseren Feststellung der Chancen und Risiken wie folgt unterteilt werden:

- ▶ Marktbezogene Indikatoren
- ▶ Politische Indikatoren
- ▶ Technologische Indikatoren
- ▶ Volkswirtschaftliche Indikatoren
- ▶ Soziale Indikatoren

Vor allem die marktbezogenen, politischen und technologischen Rahmenbedingungen belasten nachhaltig die Entwicklungen vieler Unternehmen. Die starke Tendenz zu Überregulierungen in der Politik ist besonders bedrohlich.

 Die Überregulierungen schaffen bedenkliche Unsicherheiten bei Investitionen, gefährden die Arbeitsplätze und bedrohen die Innovationskraft in den Unternehmen. Im Dialog mit allen Beteiligten muss deshalb gemeinsam nach praktikablen und zukunftsfähigen Lösungen gesucht werden.

3.4.4 Unternehmensanalyse

Die **Stärken** und **Schwächen** sollten ermittelt werden, die einen starken Einfluss auf die kurz- und langfristige Existenzsicherung der Unternehmen haben. Wichtige **Problemkreise** sind wie folgt getrennt zu untersuchen:

- ▶ Kaufmännischer Bereich
- ▶ Technischer Bereich
- ▶ Organisatorischer Bereich
- ▶ Personalbereich

Innerbetriebliche Vergleiche, Branchenvergleiche und Benchmarking sind sehr hilfreich zur Ermittlung der Stärken und Schwächen. Das ganze Unternehmen ist auf den **Prüfstand** zu stellen. In Seminaren mit der Führungsmannschaft lassen sich **Stärken-** und **Schwächen-Analysen** erfolgreich durchführen.

 In einem Unternehmen wurden in einem Seminar folgende Schwächen in Marketing und Vertrieb ermittelt:
- Ungenügende Informationsbeschaffung
- Große Schwächen bei der Erfolgskontrolle
- Mangelnde Systematik der Marketing- und Vertriebsaktivitäten
- Schlechte Vertriebsorganisation
- Große Schwierigkeiten bei der Umsetzung von Entscheidungen
- Schwache Markt- und Kundenorientierung
- Überschätzung der Kundenbindung
- Vernachlässigung des Kundennutzens

Die **Kerngeschäftsfelder**, die einen **Wertbeitrag** versprechen, sollten weiter **ausgebaut** werden. **Geschäftsbereiche**, die **strategisch nicht** mehr **wesentlich** sind und die einen **übermäßigen Kapitalbedarf** haben oder die eine **geringe Rentabilität** aufweisen, sind **nicht** mehr zu **fördern**, sondern zu **verkaufen** oder **einzustellen**. Es ist sinnvoll, sich aus **Geschäftsfeldern zurückzuziehen**, wenn sich **keine attraktiven Perspektiven** für die Zukunft ergeben.

Die Erholung der Märkte muss sich positiv auf die Erträge der einzelnen Geschäftsbereiche auswirken. Sobald sich der Ertragsausweis von bestimmten Geschäftsfeldern als unbefriedigend erweist, sollten konstruktive Maßnahmen ergriffen werden, um die Ertragskraft der Unternehmen wieder langfristig zu stärken.

Durch **gezielte Zukäufe** von Aktivitäten und durch **strategische Vertriebskooperationen** besteht auch die Möglichkeit, nachhaltig und deutlich zur **Wertschaffung** für die Eigentümer beizutragen. Als **Maßstab** für die Rentabilität dient beispielsweise eine **Eigenkapital-Rentabilität** von 15 bis 20 %. Auch der **Return on Investment** (ROI) und der **Return on Net Assets** (RONA) von 10 bis 12 % sind **wichtige Steuerungsgrößen** für die Unternehmen.

Der **Unternehmenswert** ist insbesondere durch **Innovationen** und durch **Wachstum** nachhaltig zu steigern. Es sollte geklärt werden, ob den eigenen Kunden ein **leistungsfähiges Sortiment** angeboten wird, das verschiedene Produkte und Dienstleistungen umfasst. Eine ausgeprägte **Verbundstrategie** kann eine besondere Stärke sein. Dadurch lassen sich eine **Kostenführerschaft** und langfristig entscheidende **Wettbewerbsvorteile** erzielen. Das Handeln ist am Leitbild einer **nachhaltigen** und **zukunftsverträglichen Entwicklung** der Produkte und Dienstleistungen auszurichten.

Das **Ziel** sollte darin bestehen, den **Umsatz** und das **Betriebsergebnis** kontinuierlich **auszuweiten**. Auch in einem schwierigen Umfeld haben sich die Unternehmen gut zu behaupten. Ein **positives Ergebnis** der Betriebstätigkeit ist zu erzielen, um den Eigentümern eine gute Dividende zahlen zu können.

Trotz des weltweiten Abschwungs ist ein **gutes Ergebnis** im Vergleich zum Wettbewerb anzustreben. Dies kann möglich sein, wenn ein beträchtlicher Teil des Umsatzes mit konjunkturstabilen Geschäften erzielt wird. Deshalb müssen die **Stärken** weiter **ausgebaut** werden, um die **Wettbewerbsfähigkeit** langfristig zu erhalten. Aus diesem Grunde sind einige Maßnahmen pro Jahr systematisch durchzuführen.

Umfangreiche **Restrukturierungsprogramme** sollten beispielsweise gestartet werden, die auch die Schließung einzelner Anlagen und Standorte umfassen kann. Durch die **Ver-**

lagerung von Kapazitäten in der Produktion lassen sich konsequente **Synergieeffekte** nutzen. Das Netz der Standorte lässt sich bei größeren Unternehmen weltweit stärken, um noch leistungsfähiger zu werden.

Die Unternehmen müssen sich für die Zukunft rüsten und **kundennäher** sowie **flexibler** handeln. Es ist sinnvoll, das **unternehmerische Denken** und **Handeln** der eigenen Mitarbeiter weiter zu fördern und die **Gestaltungsfreiräume** zu erweitern. Mit einer neuen Organisation lassen sich auch die **Kosten** beträchtlich **senken**.

Die Unternehmen müssen also in Zukunft die Chancen nutzen, die sich verschiedenen Geschäftsbereichen bieten. Wenn eine solide Bilanzstruktur vorhanden ist, können durch **Käufe** und **Partnerschaften** sowie durch **Verkäufe** die **zukunftsträchtigen Geschäftsfelder** mit Weitblick fortentwickelt werden.

Das **aktive Management** der **Portfolios** ist ein Weg, um die **Robustheit** in unterschiedlichen Konjunkturen zu stärken. Die **geographische Diversifikation** hilft ebenfalls, ein **ausgewogenes Wachstum** in den unterschiedlichen Märkten zu erreichen. Die Unternehmen müssen also bedeutende **Meilensteine** für die zukünftigen Geschäfte setzen. Dann lassen sich auch **schwierige Jahre** besser bewältigen. Diese Unternehmen sind dann auch besser darauf vorbereitet, mit ihren Geschäften an einem **beginnenden Aufschwung** eher teilzuhaben.

Die Unternehmen müssen den **Gestaltungswillen** und die **Innovationsfähigkeit** beweisen, um die Zukunft besser zu meistern. Die Mitarbeiter sollten sich engagiert den neuen Situationen stellen und den Wandel als Chance erfolgreich nutzen. Es kommt insbesondere darauf an, dass die Unternehmen auch in Zukunft **Werte schaffen**.

Durch **entschlossenes** sowie **gezieltes Handeln** und mit **optimierten Strukturen** können die Unternehmen die gegenwärtigen Herausforderungen besser bestehen. Neben den **Verfahrens-** und **Produktinnovationen** sollte der **Kundenorientierung** die **oberste Priorität** eingeräumt werden. Die effiziente Vernetzung von **Wertschöpfungsketten** in den verschiedenen Standorten muss in den Unternehmen weiter ausgebaut werden. Die **Marktpotenziale** in den einzelnen Ländern sind in Zukunft stärker zu nutzen. Eine **Konzentration** auf ertragsstarke und ausbaufähige Sortimente ist zu betonen. Der **Wandel** sollte als **Chance** genutzt werden, um die Zukunft aktiv zu gestalten und um die Existenzsicherung nachhaltig zu stärken.

Die **Steigerung** des **Unternehmenswertes** durch Innovationen und Wachstum sollte das Ziel vieler Unternehmen sein. Das **Produkt-Portfolio** ist durch den gezielten Ausbau der renditestarken Arbeitsgebiete zu optimieren. Außerdem ist die Konzentration auf die **Kernkompetenzen** sinnvoll. Der Ausbau und die Sicherung der **Kostenführerschaft** stärken die langfristige **Wettbewerbsfähigkeit**. Die Technologieplattformen können genutzt werden, um Verfahrens- und Produktionsinnovationen wirksam umzusetzen.

Zu den wesentlichen **strategischen Elementen** gehört auch die **Kompetenz** der **Vermarktung** der Produkte und der Dienstleistungen sowie der **Einkauf** von kostengünstigeren Rohstoffen, Energien und Vorprodukten. Mit den **Schlüsselkunden** muss eine gute Zusammenarbeit aufgebaut werden. Durch den Einsatz der **modernen E-Commerce-Lösungen** lässt sich der wachsende Kostendruck bei den Rohstoffen mindern. Die Unternehmen sollten auch darauf achten, einen **Mehrwert** bei den eigenen Kunden zu schaffen.

Die Ressourcen sind in Zukunft für das Wachstum in ausgewählten Märkten einzusetzen. Dabei ist auf eine hohe Flexibilität in den dynamischen Märkten und auf eine Verringerung der unternehmerischen Risiken in den sich verändernden Märkten zu achten. Die Unternehmen sollten auf die vielfältigen Fähigkeiten der Mitarbeiter setzen, denn die engagierten und qualifizierten Mitarbeiter sind für den Erfolg verantwortlich. Neue Strukturen in den Unternehmen ermöglichen eine größere Kundennähe und eine stärkere Marktpräsenz. Dadurch wird auch das Unternehmertum im Unternehmen gefördert.

3.4.5 Unternehmensziele

Nach der systematisch durchgeführten Umfeld- und Unternehmensanalyse lassen sich die kurz- und langfristigen Unternehmensziele präziser bestimmen. Dann können verschiedene **Strategien** überprüft werden, die in Zukunft umzusetzen sind.

 Für die Festlegung der Unternehmensziele eignen sich Seminare, die von der Unternehmensleitung, den Führungskräften und von ausgewählten Mitarbeitern besucht werden sollten. Bevor die neuen und ehrgeizigen Ziele definiert werden, sind die vorhandenen Produkte und Dienstleistungen, die Innovationen und die einzelnen Geschäftsfelder kritisch zu überprüfen.

Die klaren Zielsetzungen müssen insbesondere die Kernkompetenzen, die Kundenzufriedenheit sowie die Produkte und die Dienstleistungen umfassen, um **Wettbewerbsvorteile** zu erringen. Die kleineren und mittleren Unternehmen sollten sich in Zukunft intensiver mit der **strategischen Entwick-**

lung ihrer Unternehmen befassen. Die **Verhaltensänderungen** der Mitarbeiter sind dabei sehr wichtig.

Die einzelnen Ziele sollten möglichst in Form von **Kennzahlen** ausgedrückt werden, denn die Kennzahlen stellen Informationen in komprimierter Form dar. Die **harten** Kennzahlen (z. B. Rentabilität) sind von den **weichen** Kennzahlen (z. B. Kundenzufriedenheit) zu trennen.

Folgende **Unternehmensziele** sind für die Unternehmen besonders wichtig:

- ▶ Rentabilität
- ▶ Liquidität
- ▶ Marktwachstum
- ▶ Marktanteil
- ▶ Kundenzufriedenheit
- ▶ Produktivität der Mitarbeiter
- ▶ Qualitätssicherung
- ▶ Mitarbeiterzufriedenheit
- ▶ Kostensenkung

 Damit die Kennzahlen auch die beabsichtigte Wirkung erzielen, genügt es nicht, die Kennzahl nur zu formulieren. Die Ziele müssen unbedingt in Zahlen oder in Prozentsätzen ausgedrückt werden. Erst dann lassen sich die Ziele kontrollieren und steuern. Die vereinbarten Ziele sind also schriftlich zu fixieren. Außerdem muss festgelegt werden, welcher Mitarbeiter für die Erreichung der Ziele verantwortlich ist.

Die **Ziele** in **Prozent** oder in **Zahlen** können folgendermaßen aussehen:

- ▶ Monatlicher Umsatz pro Mitarbeiter
  im Vertrieb   Euro 500.000

- Umsatz-Rentabilität des Unternehmens 5 %
- Kapitalumschlagshäufigkeit 2
- Return on Investment 10 %
- Marktwachstum 12 %
- Erhöhung des Marktanteils für die
  Produktgruppe A 8 %
- Kostensenkung im Vertrieb 5 %

Die Ziele müssen klar definiert, erreichbar und nachvollziehbar sein. Die Mitarbeiter in den Unternehmen und insbesondere im Vertrieb sollten vom **Sinn** und von der **Notwendigkeit** der einzelnen Ziele überzeugt sein. Auf schwammige Aussagen und schillernde Absichtserklärungen muss verzichtet werden. Die Ziele stellen also eine **klare Orientierung** für die Mitarbeiter dar, was in Zukunft erreicht werden sollte. Gut geführte Unternehmen sind stets bestrebt, die **Eckwerte** von **Absatz**, **Umsatz** und **Ergebnis** ständig zu verbessern. Es sollte darum gehen, stets neue **Bestmarken** zu setzen.

 Viele Unternehmen verwenden eine zentrale Steuerungsgröße zur Führung ihrer Unternehmen. DaimlerChrysler und VW beispielsweise setzen als zentrale Steuerungsgröße den Return on Net Assets (RONA) ein.

3.4.6 Unternehmensplanung

Die **vereinbarten Ziele** müssen dann in den **einzelnen Berichten** berücksichtigt und integriert werden. Dann entsteht die Unternehmensplanung für das nächste Jahr oder für die nächsten vier bis fünf Jahre.

Im **Planungsprozess** wird festgelegt, welche Pläne im Einzelnen aufgestellt werden sollten. Die **Einhaltung** der Reihenfolge ist sehr wichtig (vgl. Kapitel 3.2).

3.4.7 Maßnahmenplanung

Bei der Durchführung der Unternehmensplanung für das kommende Geschäftsjahr wird deutlich, dass beispielsweise im Vertrieb der Absatz um 5 % und die Umsatzerlöse um 8 % zu erhöhen sind. Gleichzeitig sollten die variablen und die fixen Vertriebskosten um 10 % gesenkt werden, um den vereinbarten ROI von 12 % zu erreichen.

Deshalb muss ein Maßnahmenplan für den Vertrieb erstellt werden, aus dem genau hervorgeht, welche Schritte in Zukunft vollzogen werden müssen, damit die **Umsatz-Rentabilität** des Unternehmens auf 15 % p. a. gesteigert werden kann. **Generelle Appelle** an die Mitarbeiter im Vertrieb **genügen** nach meinen Erfahrungen **nicht**.

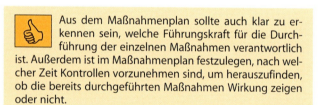

Aus dem Maßnahmenplan sollte auch klar zu erkennen sein, welche Führungskraft für die Durchführung der einzelnen Maßnahmen verantwortlich ist. Außerdem ist im Maßnahmenplan festzulegen, nach welcher Zeit Kontrollen vorzunehmen sind, um herauszufinden, ob die bereits durchgeführten Maßnahmen Wirkung zeigen oder nicht.

Maßnahmenplan im Vertrieb

Beschreibung der einzelnen Maßnahmen	Verantwortlicher Mitarbeiter	Beginn	Kontrolle
Neue Aufteilung der Verkaufsgebiete	Herr Werner	01. 01. 02	viertel-jahrlich
Erstellung einer neu-en Verkaufsmappe	Herr Schreiner	01. 09. 02	01. 01. 03
Aktion für die Produktgruppe A	Herr Mangold	01. 10. 02	01. 01. 03
Sonderaktion für die Kundengruppe C	Herr Walter	01. 03. 02	01. 06. 02
Geschäftsjahr 2002	Verabschiedung: 01. 12. 2001	Unterschrift:	

Tab. 12: *Maßnahmenplan im Vertrieb*

Für jeden **bedeutenden Verantwortungsbereich** ist ein Maß-nahmenplan zu erstellen. Die einzelnen Maßnahmenpläne sollten dann vom Vertriebscontroller koordiniert werden.

Die klar definierten Maßnahmen **erleichtern** dem Ver-triebscontroller die **Beurteilung**, ob die einzelnen Zielsetzun-gen im Vertrieb auch realisiert werden können. Wenn die eingeleiteten Maßnahmen nicht greifen, müssen möglichst schnell **Korrekturmaßnahmen** eingeleitet werden.

4 Kontrolle

Die Planung ist nur sinnvoll, wenn insbesondere die Absatz-, Umsatz-, Kosten- und Gewinnpläne regelmäßig kontrolliert werden. Der Unternehmensleitung und den Führungskräften müssen möglichst auf monatlicher Basis und kumuliert die **wichtigen Berichte** rechtzeitig zur Verfügung gestellt werden, aus denen die **Abweichungen** ersichtlich werden, um möglichst eine **Selbstkontrolle** und Selbststeuerung zu ermöglichen.

Für die Abweichungen sind die einzelnen **Ursachen** festzustellen. Sobald durch die **Abweichungsanalysen** die Gründe aufgedeckt werden, lassen sich anschließend die erforderlichen **Maßnahmen** erarbeiten und beschließen, damit diese Abweichungen in Zukunft vermieden werden können.

4.1 Vergleichsrechnungen

Um die Fehler in der Planung und die Probleme bei der Realisierung möglichst schnell erkennen zu können, sind **regelmäßig Kontrollen** durchzuführen. Wenn die Abweichungen bekannt sind, lassen sich entsprechende Maßnahmen ausarbeiten und umsetzen, damit die Fehler in Zukunft vermieden werden. Die **geplanten Daten** müssen also regelmäßig mit den **angefallenen Werten** verglichen werden.

Verschiedene Vergleichsrechnungen lassen sich in den Unternehmen durchführen. Der Vertriebscontroller muss bestimmen, welche **Arten** eingesetzt werden sollten. Dies hängt von den Daten ab, die in den Unternehmen bereits vorhanden sind und die von den Unternehmen von außen zur Verfügung gestellt werden können.

4.1.1 Zeitvergleich

Beim Zeitvergleich werden beispielsweise die Umsatzerlöse, die Deckungsbeiträge und die Vertriebskosten von verschiedenen Perioden nur **im eigenen Unternehmen** miteinander verglichen. Dann lässt sich erkennen, wie hoch die Abweichungen beispielsweise im Vertrieb sind. Es werden aber nur die effektiven Daten in verschiedenen Perioden verglichen. Die Unternehmensleitung und die Mitarbeiter im Vertrieb können aber nicht erkennen, wie gut oder wie schlecht die eigenen **Leistungen** und **Kosten** im Vergleich zu anderen Unternehmen sind.

4.1.2 Branchenvergleich

Die Branchenvergleiche sind deshalb **sinnvoller** und auch **aussagefähiger**, da der Vertrieb des eigenen Unternehmens mit den Daten anderer Unternehmen in der gleichen Branche verglichen wird. Diese Vergleiche sind viel aufschlussreicher, weil die **Durchschnittswerte** der **ganzen Branche** zum Vergleich herangezogen werden.

4.1.3 Soll-Ist-Vergleich

Der Soll-Ist-Vergleich ist nur möglich, wenn in den Unternehmen bereits eine **Planung** erstellt wird. Dann lassen sich die geplanten Daten mit den effektiv angefallenen Daten vergleichen. Aufgrund der **vereinbarten Ziele** werden die Soll-Werte gebildet. Die Ist-Werte sind die Daten, die in den einzelnen Monaten erreicht wurden.

4.1.4 Benchmarking

Beim Benchmarking werden die **Spitzenleistungen** von einzelnen Unternehmen der eigenen Branche oder fremder Branchen im Vertrieb mit den eigenen Leistungen und Kosten verglichen. Es erfolgt also jeweils ein Vergleich mit den am besten geführten Unternehmen. Die Unternehmen können dann erkennen, wie groß der Abstand zu den Unternehmen ist, die die besten Ergebnisse im Marketing und Vertrieb erzielen.

Die Unternehmen sollten laufend überprüfen, wie sie sich aus der Sicht der Kunden im **Wettbewerbsvergleich** unterscheiden, um höhere Umsätze und bessere Deckungsbeiträge bei den einzelnen Kunden zu realisieren. Das **Potenzial** zur Profilierung aus Kundensicht ist oft verhältnismäßig gering. Neue und wettbewerbsüberlegene Produkte werden häufig von der Konkurrenz schnell wieder eingeholt.

Wichtige Instrumente im Marketing sind:

▶ Verkaufspolitik,
▶ Kommunikationspolitik und
▶ Servicepolitik.

Die **Wettbewerbsüberlegenheit** kann mit Hilfe des Benchmarkings im Vertrieb transparent gemacht werden. Die eigenen Kosten- und Leistungsgrößen sowie die Qualität lassen sich mit den Spitzenreitern vergleichen.

Zu den **Spitzenreitern** können zählen:

▶ die leistungsfähigsten Mitarbeiter im eigenen Unternehmen,
▶ die erfolgreichsten Mitbewerber in der Branche und
▶ die besten Unternehmen in anderen Branchen.

Durch das Benchmarking lassen sich **strategische Lücken** aufdecken und **permanente Verbesserungsprozesse** in Gang bringen, um eine **Wettbewerbsüberlegenheit** im Vertrieb insbesondere in folgenden Punkten zu erreichen:

- ▶ Veränderung des Leistungsangebots,
- ▶ Steigerung der Produktivität,
- ▶ Erhöhung der Profitabilität,
- ▶ Senkung der Kosten,
- ▶ Anhebung der Leistungen,
- ▶ Verbesserung der Qualität.

4.2   Abweichungsanalysen

Der Sinn der Abweichungsanalysen besteht darin, die **Ursachen** für die Abweichungen detailliert zu ermitteln. In vielen Fällen entstehen die Abweichungen beispielsweise im Vertrieb, obwohl die eigentlichen Ursachen in der Produktion liegen, die die Produkte nicht rechtzeitig herstellen konnte.

Die Abweichungsanalysen sollten regelmäßig und sorgfältig durchgeführt werden. Die Ergebnisse dieser Analysen müssen dann dazu führen, dass **neue Maßnahmen** beschlossen werden, die entsprechende **Konsequenzen** nach sich ziehen.

 Die Ermittlungen müssen sich zuerst auf signifikante Abweichungen konzentrieren. Für negative und positive Abweichungen sind Ursachenanalysen vorzunehmen. Dann sind die Unternehmensleitung und die Führungskräfte in der Lage, möglichst schnell die negativen Entwicklungen zu korrigieren und die positiven Vorgänge zu intensivieren.

Deshalb sollte der Vertriebscontroller dafür sorgen, dass die Abweichungsanalysen regelmäßig durchgeführt werden. Es muss auch beachtet werden, dass bei der Interpretation der Abweichungen ausgeprägte Fachkenntnisse erforderlich sind.

Die Entscheidungen über Korrekturmaßnahmen sollten erst dann getroffen werden, wenn vorher ausführliche Einzel- und Gruppengespräche mit den Mitarbeitern im Vertrieb stattgefunden haben. Diese Gespräche müssen unverzüglich nach der Fertigstellung der Abweichungsanalyse geführt werden. In der Praxis haben sich Besprechungen über die Abweichungen auf monatlicher Basis bewährt.

Ausgangspunkt für Abweichungsanalysen sollte die **KER** darstellen, die monatlich und kumuliert zu erstellen ist. Die Umsatzerlöse, die variablen Kosten und die speziellen Fixkosten sowie die Deckungsbeiträge können dann leicht analysiert werden. Die Leistungsgrößen und die Kosten lassen sich durch den Einsatz der EDV schnell ermitteln.

 Es ist sinnvoll, die KER nach Produktgruppen, nach Verkaufsgebieten und nach Kundengruppen zu erstellen. Dann lässt sich beispielsweise feststellen, dass bei einer Produktgruppe der Deckungsbeitrag 1 stark gesunken ist. Bei der Analyse der Verkaufsgebiete kann ermittelt werden, dass ein Verkaufsgebiet seit Monaten negative Deckungsbeiträge 2 erwirtschaftet. Die Kundengruppenanalyse zeigt, dass mit den großen Kunden geringere Deckungsbeiträge erwirtschaftet werden, da bessere Konditionen gewährt werden. Diese Analysen machen deutlich, dass ein bestimmter Handlungsbedarf besteht, um die Schwachstellen zu beseitigen.

An den Vertriebscontroller sind erhöhte **Anforderungen** zu stellen, um bei der Analyse von Abweichungen zu richtigen Aussagen zu kommen. Es sind **große Erfahrungen** und **fundierte Fachkenntnisse** erforderlich, die dann dazu führen, dass konkrete Ergebnisse erzielt werden. Die **Präsentation** der Abweichungen muss so verständlich sein, dass die Mitarbeiter im Vertrieb erkennen können, welchen Anteil sie zu verantworten haben. Außerdem sollten die Abweichungsanalysen möglichst **kurzfristig** erfolgen, damit die **erforderlichen Maßnahmen** relativ schnell **durchgeführt** werden können.

4.3   Kennzahlen

Um die **Effizienz** und die **Effektivität** der Mitarbeiter im Vertrieb besser zu messen, müssen bestimmte Kennzahlen ermittelt werden. Dann lassen sich einfach und schnell die **Stärken** und die **Schwächen** feststellen.

Zu den wichtigen **Kennzahlen** im Vertrieb gehören:

- Anzahl der Kunden
- Anzahl der Aufträge
- Durchschnittliche Auftragsgröße
- Anzahl der Reklamationen
- Umsatz pro Kunde
- Deckungsbeitrag pro Kundenbesuch
- Wichtigkeit der Kunden
- Besuchszeit pro Kunde
- Anzahl der Besuche pro Tag
- Durchschnittliche Besuchsdauer
- Besuchshäufigkeit
- Umsatzwert pro Besuch
- Kosten pro Besuch

Neben den **harten** Kennzahlen nimmt die Bedeutung der **weichen** Kennzahlen zu, zu denen folgende Kennzahlen gehören:

▶ Kundenzufriedenheit
▶ Informationsversorgung
▶ Mitarbeitermotivation
▶ Mitarbeiterzufriedenheit

Um einen weiteren Einblick in die **Leistungskraft** der Mitarbeiter im Außendienst zu erhalten, sollten noch **spezifischere Kennzahlen** erfasst werden, die noch konkreter auf die Stärken und Schwächen der Vertriebsleute hinweisen. Es geht insbesondere um folgende wichtige harte Kennzahlen im Vertrieb, die bekannt sein sollten:

▶ Deckungsbeitragsintensität pro Mitarbeiter im Außendienst.
▶ Umsatzproduktivität pro Außendienstmitarbeiter.
▶ Wie viel Prozent aller Kunden bringen 80 % des Umsatzes?
▶ Mit wie viel Prozent aller Produkte werden 80 % des Umsatzes erwirtschaftet?
▶ Mit wie viel Prozent aller Produkte und Kunden werden 80 % der Deckungsbeiträge erzielt?
▶ Wie hoch liegen die Kosten des Außendienstes in Prozent des Umsatzes und in Prozent des Deckungsbeitrags 1?
▶ Wie hoch ist der Anteil der Provisionen am Gesamteinkommen der Mitarbeiter im Außen- und Innendienst?

Durch den Vergleich mit **Spitzenwerten** lässt sich ein erhebliches **Potenzial** an **Produktivität** und an **Profitabilität** im Vertrieb erkennen. Durch Benchmarking werden objektivierbare Maßstäbe ermittelt, die **Anreize** zur **Senkung** der

Kosten und zur **Steigerung** der **Leistungen** im Vertrieb darstellen.

Die **wichtigen Kennzahlen** im Vertrieb müssen **regelmäßig**
analysiert werden, damit die Unternehmen **Empfehlungen** erhalten, wie sie die Vertriebsorganisation und das Vertriebsmanagement **optimieren** können. Bei den Untersuchungen
der Kennzahlen im Vertrieb wurde festgestellt, dass noch
große Potenziale vorhanden sind, um die Effizienz und die
Effektivität zu erhöhen. Die meisten **Vertriebsorganisationen**
haben **keine optimale Struktur** und weisen sowohl Schwächen
als auch Stärken auf.

Die Kennzahlen stellen Hebel dar, um eine höhere
Effizienz und eine bessere Schlagkraft zu erreichen.
Es geht insbesondere um eine Steigerung des
Marktanteils, um eine Verbesserung der Kosteneffizienz und
um eine Erhöhung der Profitabilität.

Die **Kosten pro Besuch** stellen eine wichtige Kennzahl im
Vertrieb dar. Deshalb muss untersucht werden, wie die Besuchskosten gesenkt werden können. Bei der Analyse des
Vertriebs wird deutlich, dass ein Besuch umso mehr kostet,
je länger er dauert. Wenn mehr C-Kunden besucht werden,
steigen die durchschnittlichen Kosten, ohne dass das **Auftragsvolumen** sich erhöht. Aus dieser Erkenntnis sind Schlüs-
se zu ziehen.

In vielen Unternehmen sollte die Verteilung der
Kundenbesuche neu festgelegt werden. In einer
Untersuchung wurde beispielsweise ermittelt, dass
die optimale Verteilung der Kundenbesuche auf A-, B- und

C-Kunden ungefähr im Verhältnis von 66 % zu 21 % zu 13 % stehen sollte. Die Kundenbesuche, die lukrative Aufträge bringen, werden meist bei den A-Kunden erzielt. Es besteht also ein enger Zusammenhang zwischen den Besuchskosten und dem zu generierenden Auftragsvolumen. Die C-Kunden sollten nur noch besucht werden, wenn sich herausstellt, dass sie sich möglicherweise zu B-Kunden entwickeln lassen. Die restlichen C-Kunden sind möglichst nur noch telefonisch zu betreuen.

Die **Interpretation** von Kennzahlen ist nicht einfach. Der Vertriebscontroller benötigt **gute Erfahrungen**, um richtige Aussagen machen zu können. Beim **Vertriebsmanagement** müssen drei Gesichtspunkte sorgfältig analysiert werden:

1. **Faktoren, die von außen auf die Gestaltung des Vertriebsmanagements einwirken.**
   Es geht also um die Rahmenbedingungen oder um das Umfeld.

2. **Instrumente, die zur Steuerung der Vertriebsorganisation eingesetzt werden können.**
   Es handelt sich insbesondere um die Besuchspolitik und um die Entlohnungssysteme (Anreizsysteme).

3. **Auswirkungen und Erfolge, die im Vertriebsmanagement eine große Rolle spielen.**
   Dabei geht es vor allem um die Steigerung der Produktivität und um die Kunden- sowie die Mitarbeiterzufriedenheit.

Mit Hilfe von Kennzahlen lassen sich **bestimmte Zusammenhänge** aufzeigen, um den Vertrieb **effizienter** zu steuern. Der Marktanteil ist eine relevante Kennzahl. Nicht jede Kennzahl ist aber aussagefähig und hilft beim Aufbau eines erfolgreichen Vertriebs. Der Umsatz pro Mitarbeiter wird oft als Kennzahl für den Erfolg im Vertrieb betrachtet. Dabei ist aber Vorsicht geboten, da diese Kennzahl die Kosten vernachlässigt, die verursacht werden, um einen höheren Umsatz zu erzielen.

Der Vertriebscontroller muss sich um **aussagefähige Steuerungsgrößen** kümmern. Die **Kosten pro Besuch** sind eine wichtige Kennzahl, da sie Aufschluss über die **Effizienz** des Mitarbeiters im Außendienst geben. Die **Besuche pro Tag** gehören ebenfalls zu den bedeutenden Kennzahlen, da sie etwas über die **Einsatzfreude** der Mitarbeiter aussagen. Die Aufteilung der Kunden in **A-, B- und C-Kunden** ist ebenfalls eine wichtige Information, die im Vertrieb zu berücksichtigen ist. Der Vertriebscontroller muss sich um die **Zusammenhänge** zwischen den **relevanten Kennzahlen** kümmern, die bedeutende Zielgrößen darstellen, um einen gut funktionierenden Vertrieb aufzubauen.

In einem Unternehmen arbeitet beispielsweise der Vertriebscontroller mit zehn Schlüsselkennzahlen, um die **Effizienz** und die **Effektivität** im **Vertrieb** besser beurteilen zu können. Durch die systematische und regelmäßige Analyse dieser Kennzahlen ist der Vertriebscontroller in der Lage, die **Stärken** und **Schwächen** der einzelnen Mitarbeiter im Vertrieb zu ermitteln. In Zukunft können die Ergebnisse in den monatlichen Besprechungen diskutiert werden. Dann lassen sich **gezielte Maßnahmen** ausarbeiten und beschließen, um in Zukunft **bessere Leistungen** und **niedrigere Kosten** zu verwirklichen.

Zehn Schlüsselkennzahlen zur Beurteilung des Vertriebs

	Kennzahlen	Beurteilung
1.	$\dfrac{\text{Umsatz}}{\text{Verkaufsgebiet}}$	Regionale Unterschiede?
2.	$\dfrac{\text{Umsatz}}{\text{Vertriebskosten}}$	Vertriebskostenarten?
3.	$\dfrac{\text{Zahl der Besucher}}{\text{Zahl der Aufträge}}$	Effizienz?
4.	$\dfrac{\text{Zahl der Angebote}}{\text{Zahl der Aufträge}}$	Trefferquote?
5.	$\dfrac{\text{Zahl der Lieferungen}}{\text{Zahl der Reklamationen}}$	Probleme bei den Kunden?
6.	Deckungsbeiträge pro Verkaufsgebiet	Ertragskraft?
7.	Kundenzahl	Unterteilung in A-, B- und C-Kunden
8.	Zahl der Besuche pro Mitarbeiter und Tag	Engagement?
9.	Besucherzeit pro Kunde	Vorbereitungen?
10.	Fluktuationsrate im Außen- und Innendienst	Führungsprobleme?

Tab. 13: *Zehn Schlüsselkennzahlen zur Beurteilung des Vertriebs*

Kennzahlen zur Bewertung der Verkäufer

Kriterien \ Verkäufer	1	2	3
1. Gesamtumsatz in Mio. Euro	2,1	2,4	2,6
2. Regionale Ausschöpfung in %	82	76	85
3. Umsatzanteil des Verkaufsgebiets in %	29	33	36
4. Kundenzahl	95	115	121
5. Zahl der Besuche p. a.	1.520	1.610	1.620
6. Gefahrene Kilometer p. a.	41.320	42.115	43.040
7. Vertriebskosten in Euro	101,280	104,032	102,621
8. Zahl der Reisetage p. a.	201	208	211
9. Besuche je Reisetag	6	8	7
10. Umsatz pro Besuch in Euro	1.382	1.491	1.605
11. Umsatz pro Kunde in Euro	20.410	20.862	20.675
12. Zahl der neu gewonnenen Kunden	4	8	3
13. Zahl der abgesprungenen Kunden	5	2	4
14. Umsatz pro 100 km	5.082	5.697	6.041
15. Vertriebskosten pro Besuch in Euro	67	65	63

Tab. 14: *Kennzahlen zur Bewertung der Verkäufer*

In einem anderen Unternehmen werden beispielsweise 15 Kennzahlen zur Beurteilung der Verkäufer regelmäßig erfasst, um die **Leistungsfähigkeit** und die **Schwächen** der einzelnen Verkäufer zu ermitteln.

Aus der obigen Tabelle geht hervor, dass der Verkäufer 1 den geringsten Gesamtumsatz in Mio. Euro getätigt und die höchsten Vertriebskosten pro Besuch in Euro verursacht hat. Auch der Umsatz pro Besuch in Euro ist beim Verkäufer 1 mit 1.382 am geringsten. Ein sehr guter Verkäufer erzielt in der Praxis meist den höchsten Umsatz pro gefahrenen Kilometer, weil er seine Besuche sorgfältiger vorbereitet.

Wenn sich der Vertriebscontroller intensiv mit den Kennzahlen im Verkauf beschäftigt, kann er einen **guten Einblick** in die **Leistungsfähigkeit** der einzelnen Verkäufer erhalten. Noch aussagefähiger sind die Kennzahlen, wenn die Ergebnisse des eigenen Unternehmens mit den **Spitzenleistungen** anderer Unternehmen verglichen werden. Deshalb ist es sehr sinnvoll, sich an **Benchmarking-Projekten** zu beteiligen.

Mit Hilfe von relevanten Kennzahlen ist es also möglich, das **erhebliche Potenzial im Vertrieb** vieler Unternehmen besser auszunutzen. Es geht insbesondere um die Ausdehnung der Marktanteile und um die Senkung der Kosten. Dadurch können **höhere Gewinne** erzielt werden. Der Vertrieb muss **professioneller gestaltet** werden. Der Vertriebscontroller sollte die Mitarbeiter im Außen- und Innendienst motivieren, die **strategischen Erfolgspotenziale** systematisch zu suchen und konsequent auszunutzen. Die **aktuellen Entwicklungen** und die **neuesten Trends** im Markt- und Kundenmanagement sollten genauer verfolgt und besser integriert werden.

5 Steuerung

Der Zweck des Vertriebscontrollings besteht darin, eine bessere Planung der Vertriebsaktivitäten zu erreichen, eine systematische Kontrolle der Vertriebstätigkeiten sicherzustellen und eine gezielte Steuerung des Vertriebsbereichs durchzuführen. Die Feststellung der Abweichungen dient dazu, möglichst schnell Maßnahmen zu beschließen und umzusetzen, um den Erfolg der Unternehmen zu erhöhen. Der **Erfolg** zeigt sich vor allem in der **Verbesserung** der **Rentabilität** und in der **Sicherung** der **Liquidität** der Unternehmen. Deshalb muss der **Einsatz** der **Ressourcen** besser gestaltet werden.

Untersuchungen von **Vertriebsorganisationen,** vom **Informationsmanagement** und von der **Vertriebsprofessionalität** in der Praxis haben ergeben, dass zu den wichtigsten Ressourcen die **Zeit** der Mitarbeiter und das **Kapital** gehören. Deshalb zählen zu den wichtigsten Aufgaben des Vertriebscontrollers, den Einsatz der Mitarbeiter erfolgreicher zu gestalten und den Einsatz des Kapitals effizienter vorzunehmen. Die Ressourcen sind vor allem auf die **A- und B-Kunden** zu fokussieren.

Aufgrund der festgestellten Abweichungen sind die Unternehmen eher in der Lage, schneller und gezielter einzugreifen, um die **positiven Entwicklungen** intensiver zu fördern und um die **negativen Auswirkungen** der Aktivitäten eher zu reduzieren. Durch eine konsequente Steuerung des Vertriebs können die **Mitarbeiter effektiver** eingesetzt und kann das **Kapital systematischer** verwendet werden, um den Erfolg in Zukunft zu verbessern. Dadurch lassen sich mit Hilfe des Vertriebscontrollings wesentliche **Wettbewerbsvorteile** erringen.

Ausgehend von der Planung und der sich anschließenden Kontrolle ist die Erreichung der Vertriebsziele noch nicht sichergestellt. Vielmehr ist eine effektive Steuerung des Marketing- und Vertriebsbereichs unbedingt erforderlich. Dadurch ist es möglich, frühzeitig Maßnahmen zu ergreifen, um die festgestellten Abweichungen zu beseitigen. Dann lassen sich die vereinbarten Ziele meist doch noch erreichen.

Die Aufgabe des Vertriebscontrollings besteht vor allem darin, **alle Prozesse** so aufeinander abzustimmen, dass bis zum Ende des Geschäftsjahres alle vereinbarten Ziele auch verwirklicht werden. Die festgelegten Ziele bestimmen also den **Kurs** in den Unternehmen. Die Unternehmensleitung und die Führungskräfte haben dafür zu sorgen, dass durch rechtzeitige Steuerung der einzelnen Vorgänge die **Kurseinhaltung** sichergestellt wird. Dabei ist darauf zu achten, dass die Führungskräfte im Marketing und Vertrieb möglichst das **Selbst-Controlling** verwirklichen.

Die Unternehmen müssen ihre Produkte, Dienstleistungen und Vertriebswege nach den **Kundenwünschen** vielfältig gestalten. Es geht insbesondere darum, eine **Multikanal-Strategie** einzuleiten und durchzuführen. Damit die Kunden alle Zugangswege zu den Unternehmen vom Außendienst, Innendienst, Telefon, Internet, E-Mail, Fax, Brief bis zu den Vertriebsstellen nutzen können und eine entsprechende Produktvielfalt vorfinden, müssen die Unternehmen auch intern umgestellt werden. Alle Vertriebskanäle sollten integriert, neue elektronische Lösungen gefunden und die **Wertschöpfungskette** sollte optimiert werden. Es besteht auch die Möglichkeit, bei Bedarf bestimmte Betriebsfunktionen und IT-Lösungen auf Dritte zu verlagern.

Der Vertriebscontroller muss daran interessiert sein, bisher ungenutzte Möglichkeiten intern und extern zu entdecken und Kundendaten entsprechend intelligent zu vernetzen und über alle Vertriebskanäle zu nutzen. Die **Geschäftsprozesse** müssen deshalb genau analysiert werden. Vor allem die Unternehmen werden in Zukunft erfolgreich sein, die auf die **persönlichen Bedürfnisse** der Kunden besonders Rücksicht nehmen.

Die Kunden bestimmen durch ihr Verhalten und ihre Präferenzen, was die Unternehmen bieten müssen, damit sie auch in Zukunft erfolgreich am Markt agieren können. Der Einfluss der Kunden ist in der Praxis bereits deutlich sichtbar. Die Unternehmen können sich heute beispielsweise nicht mehr erlauben, auf den Online-Zugang zu verzichten. Die Kunden wollen selbst entscheiden, wo, wie und wann sie die Unternehmen kontaktieren wollen. Die Fachleute sprechen dann von der **Multikanal-Distribution**.

5.1 Kundenbeziehungen

Wegen des **harten Wettbewerbs** verstärkt sich der Kampf um die Kunden. Deshalb wird das **Customer Relationship Management** (CRM) seit einigen Jahren mit großem Erfolg in vielen Unternehmen eingesetzt. CRM beschäftigt sich intensiver mit den einzelnen Kunden, um die Kundenbeziehungen zu verstärken. Für den Vertrieb benutzen die Unternehmen immer öfter eine **Datenbank**, damit für selektive Zielgruppen **Verkaufskampagnen** separat geplant und durchgeführt werden können. Alle Verantwortungsbereiche und die meisten Abläufe werden in den Unternehmen einer Überprüfung unterzogen. Nur die Unternehmen, die in Zukunft ihre Kunden **personalisiert** ansprechen und selbst in

Zeiten der kostenoptimierten Massenproduktion den Kunden noch **individuelle Wünsche** erfüllen können, haben auf Dauer Erfolg. Der **persönliche Kontakt** von Mensch zu Mensch wird eine immer größere Rolle spielen.

 Für die Unternehmen wird die Pflege der Geschäftsbeziehungen immer wichtiger. Das Verhältnis zu den Kunden muss sich grundlegend verändern. Die Bedeutung und der Wert der Kundenbeziehungen sollten im Mittelpunkt des Interesses in den Unternehmen stehen. Von der bisher vorherrschenden Ausrichtung auf einzelne Transaktionen und Produkte ist ein Wechsel zu einer umfassenden Beziehungsorientierung erforderlich. Sonst drohen eine sinkende Kundenbindung und eine geringere Profitabilität der einzelnen Kundenbeziehungen.

Eine integrierte CRM-Lösung ermöglicht ein effektives Beziehungsmanagement mit den **profitablen Kunden** und eine Optimierung des langfristigen **Kundenwertes**. Folgende Fakten werden berücksichtigt:

- ▶ Kunden stehen im Mittelpunkt.
- ▶ Alle kundenbezogenen Aktivitäten werden betont.
- ▶ Vertrieb, Marketing und Service werden forciert.
- ▶ Aufbau einer unternehmerischen Datenbank wird durchgeführt.
- ▶ Kunden sind Mittelpunkt der Wertschöpfungsprozesse.
- ▶ Anpassung an die kundenbezogenen Geschäftsprozesse erfolgt.
- ▶ Kontakte zu den Kunden werden über Telefon, E-Mail, Fax, Brief, Internet oder über den Außendienst hergestellt.

▶ Verbindungen zu den Kunden erfolgen vor allem mit Hilfe von E-Business-Technologien.

▶ Data-Warehouse wird für die Planung und Analyse eingesetzt.

▶ Externe und interne Daten werden zu wenigen entscheidungsrelevanten Informationen verdichtet.

▶ Schneller Zugriff der Mitarbeiter auf die relevanten Informationen wird erleichtert.

▶ Einsparungen von Kosten und Zeit werden realisiert.

▶ Sicherung eines schnellen Return on Investment (ROI) ist möglich.

Wegen der angespannten Wettbewerbslage sollten die Unternehmen bereit sein, die **zufriedenen Kunden** zu halten. Der Vertriebscontroller muss also ein **nachfrageorientiertes Umfeld** mit Hilfe der elektronischen Unterstützung des Kundenmanagements schaffen, denn neue Kunden sind nicht mehr so leicht zu akquirieren wie in der Vergangenheit.

 Der Vertrieb ist umzugestalten. Nur die Unternehmen werden in Zukunft erfolgreich sein, die auf das transaktions- und produktbezogene Denken verzichten und die neuen Geschäftsmodelle bevorzugen, die den Kunden zum Ausgangspunkt aller Aktivitäten machen. Die Produkte und Dienstleistungen müssen noch stärker individualisiert werden.

Viele Unternehmen haben bereits eingesehen, dass ihr **Kundenstamm** ein wertvolles Kapital darstellt. Deshalb sind die Bindung der Kunden und die Pflege der Geschäftsbeziehungen in Zukunft von besonderer Bedeutung. Früher konnten Mitarbeiter durch die Lieferung qualitativ hochwertiger

Produkte, durch die zügige Auftragsabwicklung und durch einen guten Kundenservice gewonnen werden. Heute verlangen die Kunden von den Lieferanten viel mehr. Die Anbieter sollten in Zukunft darauf achten, dass die Kunden auch einen **Mehrwert** für die eigenen Kunden schöpfen können. Die Unternehmer müssen also dafür sorgen, dass ihre Kunden selbst **wettbewerbsfähiger** werden.

Innovative Unternehmen verwenden im Kundenmanagement spezielle Softwarelösungen, um auf die Wünsche ihrer Kunden möglichst präzise eingehen zu können. Marketing, Vertrieb und Service müssen individuell auf die Kunden abgestimmt werden. Dadurch erhöht sich die **Loyalität der Kunden**.

Die Unternehmen können zusätzliche **Gewinnpotenziale** erschließen, wenn über CRM-Lösungen interne und externe Daten erfasst werden, die erkennen lassen, welche Umsätze und Folgegeschäfte sich über verschiedene Vertriebskanäle realisieren lassen. Die Wirtschaft wird zum **Umdenken** gezwungen, da die Kunden immer anspruchsvoller werden. Ein **Entscheidungskriterium** bei der Auswahl der Anbieter ist der **Mehrwert**, den der Kunde aus der Geschäftsbeziehung in Zukunft erwarten kann. Ein integriertes elektronisches Kundenmanagement hilft den Unternehmen, einen Mehrwert für ihre Kunden zu schöpfen.

 Die Erfahrungen der Mitarbeiter sollten systematisch genutzt werden. Mit Hilfe des CRM wird ein neues Marketing- und Vertriebsverständnis in die Unternehmen getragen. Alle **Abläufe** und **Geschäftsprozesse** müssen **kritisch** durchleuchtet werden. Außerdem sind die veränderten Kundenanforderungen zu erfassen.

Durch die **Vernetzung** aller Mitarbeiter im Vertrieb werden die **Datenanalyse** und die **Datenbearbeitung** vor Ort erleichtert. Eine zentrale **Erfolgskontrolle** und eine **Steuerung** aller **Vertriebsaktivitäten** werden gewährleistet. Die Erfolge der Mitarbeiter im Vertrieb lassen sich klar ermitteln. Mit Hilfe der **Software** kann jeder Mitarbeiter schnell feststellen, inwieweit er seine Ziele bereits erreicht hat.

Die CRM-Software-Architektur lässt sich sehr sinnvoll im Vertrieb einsetzen. Die Aktionen im Vertrieb können dann gezielt auf die Kunden zugeschnitten werden, die gerade einen bestimmten Bedarf an Produkten und Dienstleistungen haben. Durch die Sammlung, Strukturierung und Analyse von Kundendaten lassen sich bestimmte Aktionen konsequent und mit Erfolg realisieren. Es hängt also von der Qualität der Informationen ab, wie treffsicher die Aktivitäten im Vertrieb durchgeführt werden können.

Seit der Einführung der CRM-Lösungen wird mehr Wert auf die **Kundenbindung** in den Unternehmen gelegt. Es hat sich als Irrtum erwiesen, dass zufriedene Kunden auch loyale Kunden seien. In Erhebungen konnte festgestellt werden, dass durchschnittlich 85 % der abwandernden Kunden zufriedene Kunden waren. Neben der reinen Kundenzufriedenheit sind also weitere Faktoren der Begeisterung für die Kundenbindung entscheidend.

Je nach Branche beträgt die jährliche Kundenabwanderungsrate zwischen 5 und 20 %. Die Unternehmen sollten deshalb Maßnahmen zur Gegensteuerung ergreifen. Die Gewinnung neuer Kunden ist nämlich weitaus teurer als der Erhalt bereits bestehender Kundenbeziehungen.

Es zeigt sich in der Praxis immer wieder, dass etwa 80 % des Umsatzes und des Gewinns mit nur 20 % der Top-Kunden in den Unternehmen erwirtschaftet werden. Außerdem wurde ermittelt, dass zwischen 5 und 30 % der mittleren Kundensegmente das Potenzial haben, in das **profitable Top-Kunden-Segment** aufzusteigen. Wenn es gelingt, diese Kunden an die Unternehmen zu binden, können der Umsatz und der Gewinn beträchtlich gesteigert werden. Es macht also Sinn, wenn der Vertriebscontroller die Steuerung des Vertriebs in Richtung **Kundenbindung** forciert.

Die Wertschöpfungskette und die internen Geschäftsprozesse sind auf die Kunden stärker auszurichten. Die Kundenbindung muss auf allen Vertriebskanälen intensiver berücksichtigt werden. Dann lässt sich die **Kundenprofitabilität** wesentlich erhöhen.

In vielen Unternehmen zeigt sich, dass eine Kundenbeziehung erst über die Lebensdauer der Beziehung profitabel ist. Die Akquisitionskosten für einen Neukunden fressen den Gewinn aus einer Geschäftsbeziehung über eine längere Zeit auf. Durch **Cross-Selling** und **Up-Selling** lässt sich der Gewinn bei einem Kunden schneller erzielen.

In Zukunft kommt es vor allem auf die **schnellere Entwicklung** und **Vermarktung** innovativer Produkte und Dienstleistungen an. Es findet eine Verlagerung von der reinen Produktorientierung auf eine **umfassende Kundenbetreuung** statt. Damit nimmt der Bedarf an Informationen darüber zu, was der Kunde macht, wann er mit dem Lieferanten Kontakt aufnimmt und über welchen Vertriebskanal er sich meldet. Eine neue Dimension der Beschaffung von **kunden-** und **verhaltensbezogenen Informationen** entsteht dadurch. Durch die gezielte Nutzung der zusätzlichen Informationen sind die Unternehmen in der Lage, sich über die Konkurrenz zu differenzieren, die Kunden länger an sich zu binden und die Geschäfte mit den Kunden profitabler zu gestalten.

 In der Praxis zeigt sich immer wieder, dass Software-Beratungsunternehmen öfter zu einem teueren Perfektionismus im Vertrieb neigen. Ab einem gewissen Punkt aber bringen bestimmte Verbesserungsmaßnahmen nur noch geringe zusätzliche Erfolge. Deshalb sollte unter Kosten- Nutzen-Gesichtspunkten darauf geachtet werden, wann eine Art Sättigungseffekt erreicht ist. Dann steigen die Kosten viel stärker im Vergleich zum Nutzen, wenn technisch brillantere IT-Lösungen eingeführt werden. Der Vertriebscontroller hat daher darauf zu achten, dass nur bedarfsgerechte Lösungen in den Unternehmen eingesetzt werden. Perfektionistisches Over-Engineering ist also beim Kundenbeziehungsmanagement zu vermeiden.

5.2   Deckungsbeitrags-Provision

Bei der Verwendung der Vollkostenrechnung und bei dem Einsatz der **Umsatzprovision** kann der Vertrieb **nicht optimal** gesteuert werden, da die Mitarbeiter im Vertrieb zu wenig über die variablen und die speziellen Fixkosten insbesondere im Bereich Marketing und Vertrieb wissen. Deshalb ist ein **Umdenken** der Mitarbeiter im Vertrieb erforderlich.

Die Mitarbeiter im Außen- und Innendienst sollten mit den Besonderheiten der **Deckungsbeitragsrechnung** vertraut gemacht werden. Außerdem muss der Vertriebscontroller die Führungskräfte und die anderen Mitarbeiter im Verantwortungsbereich Marketing und Vertrieb über die vorhandenen variablen und fixen Kosten informieren. Die Feinheiten der **KER** und die Vorteile der **ABC-Analyse** sollten ebenfalls erklärt werden.

Nach der **erfolgreichen Schulung** der Mitarbeiter in Marketing und Vertrieb sind sie in der Lage, auf Anhieb zu erkennen, mit welchen Produktgruppen, in welchen Verkaufsgebieten und mit welchen Kundengruppen die höchsten Deckungsbeiträge erzielt werden. Die Folge ist, dass die Mitarbeiter im Außen- und Innendienst sich effektiv auf die rentabelsten Produkte, Verkaufsgebiete und Kunden konzentrieren können. Auch die Entlohnung sollte von den Deckungsbeiträgen abhängig gemacht werden. Dadurch können die **Einkommen** der Mitarbeiter im Vertrieb erhöht werden. Auch die **Motivation** der Vertriebsleute lässt sich durch das **neue Entlohnungssystem** wesentlich verbessern.

Die Unternehmensleitung profitiert ebenfalls von diesem Entlohnungssystem, da höhere Ergebnisse erzielt werden können. Das deckungsbeitragsorientierte Provisionssystem ermöglicht der Unternehmensleitung eine **Stärkung der Ertragskraft** des Unternehmens. Gleichzeitig erlaubt dieses System eine **Einkommensoptimierung** des Außen- und des Innendienstes. Die klassischen Merkmale der Umsatzhonorierung dagegen verhindern eine Verbesserung der Rentabilität und der Liquidität in den Unternehmen.

Die Verschärfung des Wettbewerbs zwingt die Unternehmen dazu, die Ertragskraft zu verbessern. Außerdem wird deutlich, dass die **Kombination** aus Fixum und Leistungskomponente **geändert** werden sollte.

Bei der Entlohnung der Mitarbeiter im Vertrieb unterscheiden wir ein reines Fixum, das ein durchschnittliches Ergebnis unterstellt. Daneben ist eine ausschließliche Entlohnung nach der Arbeitsleistung möglich. Die elementaren Formen der Entlohnung beziehen sich also auf den reinen Zeitlohn (Fixum) und auf den reinen Leistungslohn (Provision).

Die Praxis zeigt, dass eine Kombination aus beiden Elementarformen zu den besten Ergebnissen führt. Dabei ist zu beachten, dass in Zukunft das Fixum auf etwa 40 bis 50 % reduziert und die Deckungsbeitrags-Provision auf 50 bis 60 % angehoben werden sollte.

Bei einem hohen Fixum wird der **schwache, mittelmäßige** und **wenig motivierte Mitarbeiter** im Vertrieb im Vergleich zur Leistung zu **gut bezahlt**. Die **kompetenten** und **engagierten** Vertriebsleute allerdings erhalten eine **zu geringe** Entlohnung.

Viele Unternehmen unterstellen, dass mit zunehmenden Umsatzerlösen auch gleichzeitig die Gewinne steigen. Diese Annahme ist in der Praxis oft falsch. Einige gewiefte Vertriebsleute erhöhen ihre Umsatzprovision, indem sie durch zusätzliche Rabattgewährung die Umsätze erhöhen und damit die Gewinne senken. Diese Umsatzausdehnung geht dann deutlich zu Lasten der Unternehmen. Deshalb kann die **Umsatzprovision** nicht sinnvoll sein, da sie **falsche Signale** setzt und den Unternehmen mehr schadet, als dass sie nützt.

Bei der deckungsbeitragsorientierten Provision dagegen werden die Umsätze und die Kosten in die Betrachtung der Vertriebsleistungen mit einbezogen. Der Deckungsbeitrag 1 ergibt sich, indem wir von den Brutto-Umsatzerlösen zuerst die Erlösschmälerungen abziehen. Von den Netto-Umsatzerlösen subtrahieren wir die variablen Kosten, um zum Deckungsbeitrag 1 zu gelangen. Außerdem lassen sich noch die speziellen Fixkosten zur Ermittlung des Deckungsbeitrags 2 abziehen.

Grundschema der Deckungsbeitragsrechnung

	Brutto-Umsatzerlöse
–	Erlösschmälerungen (Skonti, Rabatte, Boni)
=	Netto-Umsatzerlöse
–	variable Kosten (Material, Löhne, Frachten, Verpackungen, Fremdleistungen)
=	Deckungsbeitrag 1
–	spezielle Fixkosten (Marketing und Vertrieb, Produktion, Materialwirtschaft)
=	Deckungsbeitrag 2

Tab. 15: *Zweistufige Deckungsbeitragsrechnung*

Der Deckungsbeitrag 1 stellt den Überschuss dar, der zur Deckung der fixen Kosten und zur Erzielung eines Gewinnes benötigt wird. Wenn wir vom Deckungsbeitrag 1 die zurechenbaren Fixkosten abziehen, erhalten wir den Deckungsbeitrag 2.

Das **Ziel** der Deckungsbeitragsrechnung besteht darin, dass der Außen- und der Innendienst in das **Ertragsdenken** der Unternehmen einbezogen wird und sich **nicht mehr** ausschließlich auf das **Umsatzdenken** beschränkt. Eine entsprechend aufgebaute Kosten- und Leistungsrechnung ist für den Einsatz eines deckungsbeitragsorientierten Provisionssystems erforderlich. Die Unternehmensleitung kann entscheiden, ob sie als Basis für die Provision den Deckungsbeitrag 1 oder den Deckungsbeitrag 2 nimmt.

Vorteile der Deckungsbeitrags-Provision:

▶ Betont die Kundenorientierung.
▶ Fördert die Teamarbeit.

▶ Erhöht das Kostenbewusstsein.
▶ Fördert das unternehmerische Denken und Handeln.
▶ Legt Wert auf die Rentabilität.
▶ Erhöht die Transparenz.

Die Mitarbeiter im Außen- und Innendienst sollten eine **ertragsabhängige Entlohnung** erhalten. Wegen der Unsicherheiten in der Vertriebsmannschaft ist bei der Einführung des neuen Entlohnungssystems darauf hinzuweisen, dass für ein Jahr ein Parallellauf mit dem bisherigen Abrechnungssystem durchgeführt werden sollte. Es muss vor allem von der Unternehmensleitung klar zum Ausdruck gebracht werden, dass die Mitarbeiter im Vertrieb nicht weniger verdienen sollten. Wenn die Vertriebsleute wissen, welche Produkte mit den höheren Deckungsbeiträgen in Zukunft forciert werden sollten, werden zwangsläufig **höherwertige Produkte** verkauft und **verbesserte Provisionen** verdient.

Vor der Einführung des neuen Entlohnungssystems sollte der **Betriebsrat** frühzeitig in den Entscheidungsprozess eingeschaltet werden. Er ist auch von der Notwendigkeit eines **ertragsorientierten Entlohnungssystems** zu überzeugen. In der Praxis zeigt sich immer wieder, dass die Deckungsbeitrags-Provision zu **nachhaltigen Verbesserungen** der Einkommen der Mitarbeiter im Vertrieb und zur **Steigerung der Gewinne** in den Unternehmen führt. Nach der erfolgreichen Einführung des neuen Entlohnungssystems ist die Beurteilung der Mitarbeiter im Vertrieb durchweg positiv.

Die Mitarbeiter im Vertrieb haben dann einen **größeren Einfluss** auf ihre Einkommen. Wenn sie das System der Deckungsbeitragsrechnung verstehen, werden sie versuchen, besonders die Produkte mit den **höheren Deckungsbeiträgen** zu verkaufen. Sie werden auch bestrebt sein, sich intensiver mit den A- **und B-Kunden** zu beschäftigen. Die **Preisverhandlungen** werden anders geführt, wenn es darum geht, möglichst hohe Deckungsbeiträge zu erwirtschaften. Auf die Gewährung **zusätzlicher Rabatte** wird dann verzichtet. **Preiserhöhungen** lassen sich überzeugender durchsetzen, wenn die variablen Kosten und die speziellen Fixkosten bekannt sind. Auch eine Verbesserung des **Produkt-Mix** kann erreicht werden, wenn die Deckungsbeiträge bekannt sind und die Produkte mit höheren Deckungsbeiträgen forciert werden.

5.3   Qualifikation der Mitarbeiter im Vertrieb

In der Praxis kann immer wieder festgestellt werden, dass viele Mitarbeiter im Vertrieb eine **zu geringe Qualifikation** besitzen. An den Hochschulen und in vielen Seminaren werden die Mitarbeiter im Vertrieb oft nur trainiert, welche Fragetechniken einzusetzen sind, welche Checklisten abgearbeitet werden sollten und welche Gesprächsführungen sich bewährt haben. Auf den **Kundennutzen** und auf die **Kundenbindung** wird aber oft viel zu wenig Wert gelegt.

Die **Schwerpunkte** der Qualifikation im Vertrieb sollten **verlagert** werden. Es geht insbesondere um den Kundennutzen und um das Arbeiten mit den **richtigen Kennzahlen**, um den Vertrieb besser steuern zu können. Die **Vertriebsorganisationen** müssen besonders darauf achten, dass es den Mitarbeitern darum gehen sollte, die **Deckungsbeiträge** zu **erhöhen** und die **Gewinne** in den Unternehmen zu **steigern**. Den Kunden sind Produkte und Dienstleistungen zu bestimmten Konditionen und Preisen zu verkaufen, damit auch die Kunden in Zukunft höhere Gewinne erwirtschaften können. Auf den **Hauptnutzen** der Kunden müssen also alle Argumente der Vertriebsmitarbeiter in Zukunft ausgerichtet werden. Deshalb sollten sich die Mitarbeiter im Vertrieb intensiver mit den **Problemen** der Kunden beschäftigen. Dann lässt sich durch die Problemlösungen, die die Vertriebsmitarbeiter anbieten, die **Kundenzufriedenheit** verbessern und die **Kundenbindung** verlängern.

Um folgende Fragen sollten sich die Vertriebsleute in Zukunft besonders kümmern:

- Umschlagshäufigkeit der eigenen Produkte und der Produkte der Wettbewerber bei den Kunden,
- Lagerdauer der eigenen Produkte bei den Kunden,
- Spannen der eigenen Produkte und der Produkte des Wettbewerbs bei den Kunden,
- Kapitalbindung durch die Lagerhaltung der eigenen Produkte bei den Kunden,
- Verkaufsfläche für die eigenen Produkte bei den Kunden.

Wenn die Antworten auf diese Fragen vorliegen, ist eine **bessere Beweisführung** bei den Kunden möglich, um den Kundennutzen zu erhöhen und um die Gewinnchancen zu verbessern. Die Schwerpunkte der Qualifizierung der Mitarbeiter im Vertrieb sollten also geändert werden. Die **Kenntnisse** insbesondere im Rechnungswesen, im **Controlling** und in der **Logistik** müssen also verbessert werden. Die Potenziale und die Probleme der bedeutenden Kunden sind möglichst vor Ort kennen zu lernen. Deshalb ist es sinnvoll, dass die neuen Mitarbeiter im Vertrieb ein **Praktikum** bei diesen Kunden machen, um sich mit den **Herausforderungen** der Kunden vertraut zu machen. Dann sind die eigenen Mitarbeiter im Vertrieb in der Lage, aus der Sicht der Kunden zu denken und zu handeln. Außerdem sollten die Mitarbeiter im Vertrieb ein Training on the Job im eigenen Unternehmen durchführen. Die Verantwortungsbereiche Verkauf-Innendienst, Logistik, EDV, Marketing und Controlling sind besonders interessant.

Die gut geschulten und engagierten Mitarbeiter können ihre Kundenkontakte verbessern, weil sie dann neben den **produktgebundenen** auch die **anwendungstechnisch ausgerichteten Gesichtspunkte** kennen. Außerdem können die Mitarbeiter im Vertrieb jederzeit auf die **Kundenprobleme** eingehen. Dadurch lässt sich der **Kundennutzen** erhöhen und die **Kundenbindung** vertiefen. Um die Zielsetzungen einer zukunftsorientierten Qualifikation der Mitarbeiter im Vertrieb zu erreichen, müssen die Mitarbeiter neben den normalen Trainingsinhalten in den Vertriebsseminaren besonderen Wert auf folgende Ausbildungsinhalte legen:

▶ allgemeine betriebswirtschaftliche Kenntnisse,
▶ Prozesse in den Unternehmen der Kunden,
▶ solide Kenntnisse im Marketing,
▶ neuere Kenntnisse in den Kommunikationstechniken,
▶ fundierte Kenntnisse in der Logistik,
▶ erweiterte Kenntnisse im Vertriebscontrolling,
▶ solides Wissen über sinnvolle Controlling-Instrumente und
▶ soziale Kompetenz.

Die **innovativen Maßnahmen** sollten die Führungskräfte im Vertrieb möglichst systematisch durchführen. Dann lassen sich durch eine **profitorientierte Ausgestaltung** der Vertriebsorganisation beträchtliche Reserven nützen. Die Vertriebscontroller müssen in Zukunft also verschiedene Erfolgsfaktoren im Vertrieb beachten, um mehr Profit im Vertrieb zu erzielen.

5.4 Multikanal-Strategie

Im Vertrieb findet seit einiger Zeit ein **Umbruch** statt. Veränderungen sind sowohl auf der Angebots- als auch auf der Nachfrageseite festzustellen. Durch die Globalisierung treten immer mehr Unternehmen in den Markt ein. Außerdem zeigt sich, dass die **Produktvielfalt** ständig steigt, dass die **Innovationszyklen** immer kürzer werden und dass **neue Vertriebswege** bestimmt werden.

Die **Kunden** der Unternehmen auf der anderen Seite **informieren** sich immer **besser,** werden laufend **kritischer** und **reagieren** oft **schneller** auf **Innovationen**. Die Folge ist, dass die Kunden in Zukunft die Produkte, die Dienstleistungen und die einzelnen Vertriebswege selektiver nutzen werden.

In der Vergangenheit war der klassische Außendienst meist der einzige Zugangsweg zu den Kunden. Heute jedoch können die Kunden zusätzlich unter folgenden **Vertriebswegen** wählen:

- Direkt-Marketing
- Internet
- Telefon
- Telefax
- Selbstbedienung
- Call-Center

Neben der persönlichen Beratung bieten sich **unterschiedliche Alternativen** an. Wir können davon ausgehen, dass die Kunden in Zukunft parallel mehrere Vertriebswege in Anspruch nehmen werden. Es reicht allerdings nicht, dass die einzelnen Vertriebswege nebeneinander angeboten werden. Die strategische Herausforderung der Unternehmen besteht darin, dass der **Vertriebscontroller** für unterschiedliche Produkte und Dienstleistungen auch den **optimalen Vertriebsweg** festlegen muss.

Die Multikanal-Strategie beinhaltet, dass die Unternehmen ihre Produkte und Dienstleistungen dort zur Verfügung stellen müssen, wo die Kunden sie erwarten. Die **Kundenbedürfnisse** sind sehr unterschiedlich, bezogen auf einzelne Angebote der Unternehmen.

Die **Selbstbedienung** und das **Internet** beispielsweise werden sich in Zukunft durchsetzen, wenn es sich um Produkte und Dienstleistungen handelt, die unbegrenzt zeitlich zur Verfügung stehen müssen. Für einfache und wenig erklärungsbedürftige Standardprodukte eignen sich als ideale Vertriebskanäle die **Call-Center** und die **E-Mails**. Bei komplizierteren und erklärungsbedürftigeren Produkten und Dienstleistungen erwarten die Kunden weiterhin eine eingehende **persönliche Beratung** durch kompetente Außendienstmitarbeiter.

Die einzelnen Vertriebskanäle sollten transparent und aufeinander abgestimmt sein, um eine **gute Auslastung** der Kapazitäten zu erreichen. Durch eine **große Flexibilität** können die vorhandenen Kompetenzen der Mitarbeiter im Vertrieb besser genutzt werden. Die **Profitabilität** in den Unternehmen lässt sich dadurch gleichzeitig verbessern.

Der Vertriebscontroller muss darauf achten, dass die einzelnen Vertriebskanäle möglichst gleichmäßig ausgelastet werden, um die **Effizienz** im Vertrieb zu **erhöhen**. Deshalb muss auch das Verhalten der Kunden geändert werden. Da sich die Änderungen im Verhalten der Kunden nicht automatisch vollziehen, muss der Vertriebscontroller dafür sorgen, dass durch **kundenfreundliche Aktionen** die einzelnen Kunden auf die Vertriebskanäle hingewiesen werden, die sich besonders für einzelne Produkte und Dienstleistungen eignen und eine hohe Kundenzufriedenheit bewirken.

Die **einzelnen Vertriebswege** sollten so **vernetzt** werden, dass ein guter Überblick über die Inanspruchnahme der unterschiedlichen Kanäle hergestellt werden kann. Jede Aktion der Kunden ist also an jeder Kontaktstelle zu dokumentieren.

 Eine Segmentierung der Vertriebswege nach Produkt- und Kundengruppen sollte durchgeführt werden. Die Kundenbetreuung ist möglichst pro Vertriebsweg festzulegen, um Konflikte zu vermeiden, um die Kundenpotenziale möglichst optimal auszuschöpfen und um die vorhandenen Ressourcen gut auszulasten.

Über **Call-Center** werden in erster Linie die **Standardprodukte** angeboten. Der **mobile Außendienst** sollte den Kontakt zu Kunden pflegen, die ein **hohes Potenzial** für das Unternehmen haben und die eine **ausführliche Beratung** über komplexe Produkte erwarten. Dann lässt sich die **Effizienz** im Vertrieb **erhöhen** und die **Profitabilität** beträchtlich steigern.

Die **Aktivitäten** in den einzelnen Vertriebswegen müssen **separat registriert** werden. Auf der Basis der erfassten Daten sind dann eine **gezielte Kontrolle** und eine **effizientere** Steuerung des Vertriebs in Zukunft möglich. Nach der Bewertung der einzelnen Aktivitäten kann der Vertriebscontroller die **kostengünstigeren Vertriebswege** ermitteln, die höhere Deckungsbeiträge für das Unternehmen bringen. Die prozentuale Höhe der **Deckungsbeiträge** ist dann die Basis für die **Förderung** dieser **Vertriebswege**.

Die Mitarbeiter im Außen- und Innendienst sowie die Mitarbeiter in Call-Centern sollten anhand der erarbeiteten Daten besonders geschult werden. Dann lassen sich die Fähigkeiten dieser Mitarbeiter verbessern. Je qualifizierter die Vertriebsmitarbeiter in den Unternehmen sind, desto schneller lässt sich die Profitabilität erhöhen.

Die bisherigen Erfahrungen mit dem **E-Business** in den Unternehmen stimmen optimistisch. Das Volumen der **Online-Verkäufe** hat in den letzten Jahren beträchtlich zugenommen.

Viele Unternehmen folgen diesem Trend und setzen immer häufiger das E-Business in ihren Unternehmen ein. Die Unternehmen verfügen meist schon über ein Angebot im Internet, das den Kunden die Produkte, die Dienstleistungen und den Service zur Verfügung stellt. Es ist damit zu rechnen, dass die Unternehmen in Zukunft weitere neue **internetbasierte Produkte**, **Dienstleistungen** und **Services** entwickeln und anbieten werden.

Das **umfassende E-Business** bedeutet, dass die Informations- und Kommunikationstechnik mit den Geschäftsprozessen auf allen Ebenen und in allen Bereichen eines Unternehmens verbindet. Das klassische E-Commerce nutzt bisher nur einen Teil der Möglichkeiten des E-Business. Deshalb arbeiten viele Unternehmen verstärkt daran, eine Umgestaltung in Richtung auf das E-Business vorzunehmen. Als Schwerpunkte sind die **systematische Pflege** der **Kundenbeziehungen** (CRM) und eine **umfassende Umgestaltung** der **Geschäftsprozesse** zu beobachten.

Durch den Einsatz des E-Business lassen sich entscheidende Fortschritte im Hinblick auf die Reaktionsgeschwindigkeiten, Flexibilität und Effektivität erzielen. Die Steigerung der Leistungen und die Senkung der Kosten können ebenfalls bewirkt werden. Dadurch nehmen die Wettbewerbsfähigkeit und die Existenzsicherung der Unternehmen zu. Die eigene Wertschöpfungskette muss genau analysiert und notfalls geändert werden. Viele Geschäftsprozesse sind meist neu zu gestalten.

Die **neuen Anforderungen** der **Kunden** und des Marktes beeinflussen vor allem das Management der Kundenbeziehungen und haben Auswirkungen auf die verschiedenen Vertriebskanäle. Der Vertriebscontroller muss sich Klarheit darüber verschaffen, mit welchen Produkten und Dienstleistungen die Unternehmen in Zukunft tatsächlich Geld verdienen können. Neben den Kunden und den Märkten ist auch die **Wertschöpfungskette** gründlich zu untersuchen. Da der **Kostendruck** auf die Unternehmen laufend zunimmt, müssen die Unternehmen die **neuen Technologien** unter strenger Beachtung der **Wirtschaftlichkeit** konsequent nutzen. Die neuen Strategien werden dann zu Erfolgen führen.

6 Fazit

Zwischen dem **professionellen Vertriebsmanagement** und der **Profitabilität** der Unternehmen gibt es einen klaren **Zusammenhang.** Viele Unternehmen konnten durch gezielte Maßnahmen im Vertrieb ihre **Umsatz-Rentabilität** beträchtlich **erhöhen.** Es gibt also folglich noch einen enormen **Nachholbedarf im Vertrieb** einiger Unternehmen.

Die Macher-Kultur kann in vielen Unternehmen noch festgestellt werden. Der Vertrieb ist oft noch besonders stolz auf die **Intuition** und die **Improvisation** der Vertriebsmannschaft. Dabei wird häufig übersehen, dass die Talente der Intuition und der Improvisation **relativ hohe Kosten** verursachen und zum Teil **geringere Leistungen** erzielen, da ein systematisches Management als Belastung empfunden wird. Ein **erfolgreiches Vertriebsmanagement** zeichnet sich dadurch aus, dass die Systematik mit der Improvisation sinnvoll verbunden wird.

Bild 12: *Defizite im Vertrieb*

Die größten **Defizite im Vertrieb** zeigen sich bei der **Qualität der Vertriebsmitarbeiter,** bei den **Kundeninformationen** und bei dem **Kundenservice.** Die **Qualität der Vertriebsmitarbeiter** muss in Zukunft verbessert werden, um die Kunden gezielter anzusprechen. Vor allem sollten sich die Mitarbeiter im Vertrieb intensiver mit dem Vertriebscontrolling beschäftigen.

Auch die **Kundeninformationen** sind genauer zu erfassen und besser auszuwerten. Die A- und B-Kunden, die etwa 20 % von der Anzahl ausmachen und mit denen etwa 80 % der Umsätze getätigt werden, müssen anders bearbeitet werden als die C-Kunden, die von der Menge etwa 80 % umfassen und mit denen meist weniger als etwa 20 % der Umsätze realisiert werden. Die Unternehmen sollten sich in Zukunft auf die umsatzstarken Kunden konzentrieren, um bessere Ergebnisse zu erzielen. Die Bearbeitung des Marktes nach dem Gießkannenprinzip verursacht zu hohe Kosten und bringt zu geringe Umsätze. Mit den wichtigen Kunden sollten also die Geschäftsbeziehungen intensiviert werden, da eine systematische Pflege der A- und B-Kunden sich wesentlich besser lohnt.

Auch der **Kundenservice** muss in Zukunft umgestaltet werden. Ein flächendeckender Service verursacht zu hohe Kosten und bringt einen zu geringen Nutzen. Auch die Konditionen sollten nach der Wichtigkeit der Kunden mehr differenziert werden.

In der Produktion und in der Verwaltung haben viele Unternehmen in den letzten Jahren ihre **Produktivität** bereits wesentlich erhöht. Im Vertrieb dagegen besteht noch ein beträchtlicher **Systematisierungsbedarf.** Es existiert noch ein **erhebliches Potenzial**, das nur zum Teil erschlossen ist und noch ausgeschöpft werden sollte. In bestimmten Studien wird festgestellt, dass diese Schwächen in den meisten Branchen anzutreffen sind. Eine Ausnahme bilden die IT- und die Telekommunikationsunternehmen, die ihren Vertrieb bereits viel professioneller betreiben.

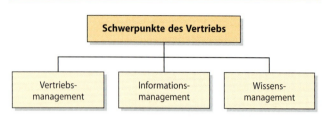

Bild 13: *Schwerpunkte des Vertriebs*

Um die **brachliegenden Potenziale** im Vertrieb in Zukunft besser zu erschließen, ist eine Verbesserung des Vertriebs-, des Informations- und des Wissensmanagements vorzunehmen. Durch eine **zukunftsorientierte Ausgestaltung** dieser Schwerpunkte kann der Vertriebscontroller die **Profitabilität** der Unternehmen wesentlich erhöhen.

Das **Vertriebsmanagement** muss sich intensiver mit der Organisation des Außen- und Innendienstes befassen. Auch auf die Personalführung ist ein größerer Wert zu legen. Der Vertriebscontroller sollte **klarere Prioritäten** setzen. Es ist nicht sinnvoll, den ganzen Markt undifferenziert zu bearbeiten. Ein effektives Vertriebsmanagement zeichnet sich dadurch aus, dass klar bestimmt wird, welche Ressourcen ein Unternehmen für welche Kunden einzusetzen hat, um die **Profitabilität** der Kunden zu erhöhen. Eine kundenorientierte KER kann gute Hinweise liefern.

Die erforderlichen **kunden-** und **wettbewerbsbezogenen Informationen** hat das Informations-Management zu liefern, damit die Mitarbeiter im Außen- und Innendienst effizienter arbeiten können. Die Beziehungen zwischen den Unternehmen und den wichtigen Kunden müssen ebenfalls umgestaltet werden, um die **Effizienz** im Vertrieb zu steigern.

Auch das **Wissensmanagement** ist zu verbessern oder in einigen Unternehmen erst einzuführen, um die Qualifikation der Vertriebsmitarbeiter zu erhöhen. Es geht insbesondere um die Steigerung der **Wissenskompetenz** der Vertriebsmitarbeiter und um die Erhöhung der **Innovationskraft** der Vertriebsleute. Deshalb sollte der **Lernprozess** in den Unternehmen intensiviert werden, damit die Mitarbeiter in Zukunft **leistungsorientierter** und **kostenbewusster** tätig sind. Die **modernen IT-Konzeptionen** stellen für den Vertrieb eine wesentliche Hilfe dar. Allerdings muss der Vertriebscontroller vor dem Einsatz klären, welche Segmente mit bestimmten Instrumenten zu bearbeiten sind und welche Prioritäten zu gelten haben.

Die **Balanced Scorecard** hat sich als Controlling-Instrument bereits in vielen Unternehmen bewährt. Nach meinen Erfahrungen ist es für die Vertriebsmitarbeiter sehr sinnvoll, wenn sie sich mit den **Finanz-, Kunden-, Prozess-** und **Wissensperspektiven** intensiver auseinander setzen. Dann lassen sich die noch **brachliegenden Potenziale** im Vertrieb in Zukunft **effizienter erschließen**.

Literatur

Alle Pocket Power-Bände, siehe innere Umschlagseiten.

Becker, J.: Strategisches Vertriebscontrolling. München 1994.

Bruns, J.: Direktmarketing. Ludwigshafen 1998.

Ehrmann, H.: Marketing – Controlling, 3. Auflage. Ludwigshafen 1999.

Graumann, J.: Der Verkaufsleiter als Vertriebscontroller. München 1996.

Kotler, P. H.; Bliemel F.: Marketing Management, 7. Auflage. Stuttgart 1992.

Meffert, H.: Marketing, Grundlagen der marktorientierten Unternehmensführung, 9. Auflage. Wiesbaden 2000.

Vollmuth, H. J.: Kennzahlen, 2. Auflage. Planegg 2002.

Vollmuth, H. J.: Führungsinstrument Controlling, 6. Auflage. Planegg 2000.

Vollmuth, H. J.: Controlling-Instrumente von A–Z, 5. Auflage. Planegg 2000.

Vollmuth, H. J.: Existenzsicherung. Stuttgart 2000.

Weis, H. C.: Verkauf, 5. Auflage. Ludwigshafen 2000.

Ziegenbein, K.: Controlling, 7. Auflage. Ludwigshafen 2002.

Die umfassende Internet-Seite rund um das Thema Qualitätsmanagement:

www.QM-InfoCenter.de

► **News**
Aktuelle Nachrichten aus der Branche

► **QM-Basics**
Kompakte Info zu wichtigen Begriffen

► **QZ**
Fachinformationen aus der führenden Fachzeitschrift

► **QM-Termine**
Messen, Seminare, Tagungen

► **Wer bietet was?**
Produkt- und Lieferantenverzeichnis

► **QM-Bookshop**
Bücher, Loseblattwerke, CD-ROMs

► **QM-Karriere**
Der aktuelle Stellenmarkt der Branche

► **QM-Forum**
Diskussionsforum zu aktuellen QM-Themen